Análisis de la Inteligencia de Cristo

El Maestro
del
amor

Yo, _____

dedico este libro a _____:

Que el «Maestro de maestros» le enseñe que en las fallas y lágrimas se esculpe la sabiduría.

Que el «Maestro de las emociones» le enseñe a contemplar las cosas sencillas y a navegar en las aguas de la emoción.

Que el «Maestro de la vida» le enseñe a no tener miedo a vivir y a superar los momentos más difíciles de su historia.

Que el «Maestro del amor» le enseñe que la vida es el espectáculo más grande en el teatro de la existencia.

Que el «Maestro inolvidable» le enseñe que los débiles juzgan y desisten, mientras los fuertes comprenden y tienen esperanza.

No somos perfectos. Decepciones, frustraciones y pérdidas siempre ocurrirán.

Pero Dios es el artesano del espíritu y del alma humana. No tenga miedo.

Después de la más larga noche vendrá el más bello amanecer. Espérelo.

_____/_____/_____

DR. AUGUSTO CURY

Análisis de la Inteligencia de Cristo

El Maestro
del
amor

Jesús, el mayor ejemplo de sabiduría, perseverancia y compasión

GRUPO NELSON
Una división de Thomas Nelson Publishers
Desde 1798

NASHVILLE   DALLAS   MÉXICO DF.   RÍO DE JANEIRO

© 2009 por Grupo Nelson®
Publicado en Nashville, Tennessee, Estados Unidos de América.
Grupo Nelson, Inc. es una subsidiaria que pertenece
completamente a Thomas Nelson, Inc.
Grupo Nelson es una marca registrada de Thomas Nelson, Inc.
www.gruponelson.com

Título en portugués: *O Mestre do Amor*
© 2006 por Augusto Jorge Cury
Publicado por GMT Editores Ltda.
Rio de Janeiro, Brasil

Traducción: *Maria Fernanda Oliveira*
Adaptación del diseño al español: *www.blomerus.org*

ISBN: 978-1-60255-134-3

Impreso en Estados Unidos de América

09 10 11 12 13 BTY 9 8 7 6 5 4 3 2 1

Jamás alguien tan grande se hizo tan pequeño
para enseñarnos las lecciones más importantes de la vida.

Contenido

Prefacio

Nunca un hombre fue capaz de sacudir tanto las bases de las ciencias y de las instituciones humanas como Jesucristo. Sus discursos estremecen los conceptos fundamentales de la medicina, de la psiquiatría, de la física y de la sociología.

El padre de la medicina, Hipócrates, vivió siglos antes de Cristo. La medicina es una ciencia fantástica que siempre disfrutó de los conocimientos de las otras ciencias para producir técnicas que alivien el dolor y retrasen el fenómeno de la muerte. La medicina puede hacer mucho por los que están vivos, pero nada por los que están muertos. Jesús perturbó las creencias de la medicina al hablar sobre la superación del caos de la muerte y la ventana de la eternidad.

Lo mismo también se puede decir con relación a la psiquiatría. La psiquiatría es una ciencia poética. Trata del alma, que es bella y real, pero intangible e invisible. Tiene como objetivo corregir las rutas del mundo de las ideas y la sequedad de la personalidad humana.

Ninguna especie es tan compleja como la nuestra, y ninguna sufre tanto como ella. Millones de jóvenes y adultos son víctimas de depresión, ansiedad, estrés. La industria del entretenimiento nunca fue tan grande, y la gente nunca estuvo tan triste y con tanta dificultad como ahora para navegar en las aguas de la emoción.

Los medicamentos antidepresivos y los tranquilizantes son excelentes recursos terapéuticos pero no tienen la capacidad de conducir al ser humano a que gobierne sus pensamientos y emociones. La psiquiatría trata a los enfermos, pero no sabe cómo volverlos felices, seguros, sabios, serenos.

Jesucristo habló de algo que la psiquiatría sueña pero no alcanza. Invitó a las personas a beber de su felicidad, su tranquilidad y su sabiduría. ¿Quién tiene el valor de hacer esa invitación a sus seres íntimos? Las personas más tranquilas pierden el control en los momentos de mayor tensión.

Las palabras y actitudes de Jesucristo son capaces de chocar también con la sociología. En el auge de la fama, él se inclinó ante simples galileos y les lavó los pies, invirtiendo los papeles sociales: en lugar de ser el menor que sirve al mayor, es el mayor que sirve y honra a los menores. Sus comportamientos fueron registrados en la base de la memoria de sus incultos discípulos, llevándolos a aprender lecciones que reyes, políticos y poderosos no aprendieron.

Jesucristo también hizo cosas que estremecieron las bases de la física, de la química y de las ciencias políticas. La educación tampoco pasó intacta por ese gran maestro. Su psicopedagogía no solo es actual, sino revolucionaria. Él hizo, de personas ignorantes, ansiosas e intolerantes la más fina estirpe de pensadores.

¿Quién es ese hombre que fue descartado por la ciencia, pero conmovió sus estructuras?

En este libro estudiaremos sus últimas horas de vida. Él está muriendo colgado en una cruz. Era de esperarse que en ese momento él no brillara en su inteligencia, ni gritara desesperadamente, ni que fuera consumido por el miedo, derrotado por la ansiedad y reaccionara por instinto, como cualquier miserable a las puertas de la muerte. Pero, herido, Jesucristo fue todavía más sorprendente. Sus reacciones sacudieron a la psicología.

El hombre Jesús hizo poesía en el caos. ¿Es usted capaz de hacer poesía cuando el dolor constriñe su alma? A veces, ¡ni cuando estamos atravesando terrenos tranquilos producimos ideas poéticas!

La crucifixión de Jesucristo tal vez sea el evento más conocido por la humanidad. Pero es el menos comprendido a pesar de ser el más importante de la historia. Billones de personas saben cómo murió, pero no tienen idea de los fenómenos complejos que estaban presentes en el escenario de la cruz y, principalmente, detrás de la cortina del escenario. Estudiar sus últimos momentos abrirá las ventanas de nuestra mente para comprender mejor no solo al más misterioso de los hombres, sino también a nosotros mismos como personas. Pues, ¿quién de nosotros puede explicar la vida que late en todo nuestro ser?

Aunque este libro sea un estudio de filosofía y psicología, el lector encontrará también referencias a textos del Antiguo y del Nuevo Testamento, señalando al autor, el capítulo y versículo donde se encuentran. Sugiero que independientemente de su creencia, usted tenga una Biblia al alcance de la mano. Su lectura, promoverá un conocimiento mayor de esa figura única y fascinante que, con sus palabras, comportamientos y actitudes, revolucionó al mundo y al espíritu humano.

AUGUSTO JORGE CURY

1 | Dos tipos de sabiduría

Hay dos tipos de sabiduría: la inferior y la superior. La sabiduría inferior se mide por la cantidad de conocimiento que tiene una persona, y la superior, por la conciencia que ella tiene de lo que no sabe. Los verdaderos sabios son los más convictos de su ignorancia. Debemos desconfiar de las personas autosuficientes. La arrogancia es un agravio contra la lucidez y la inteligencia.

La sabiduría superior, tolera; la inferior, juzga; la superior, comprende; la inferior, culpa; la superior, perdona; la inferior, condena. La sabiduría inferior está llena de títulos, en la superior nadie sale graduado, no hay maestros ni doctores, todos son eternos aprendices. ¿Qué tipo de sabiduría controla su vida?

Aunque hablamos mucho sobre Dios y sobre la vida, sabemos muy poco sobre esta, sobre su Autor y sobre el más enigmático de los hombres, Jesucristo (Mateo 1.18). Frecuentemente me pregunto: ¿Quién es Dios?

15

¿Por qué se oculta detrás del velo de la creación en lugar de mostrarse sin secretos? ¿Es posible hablar con certeza del Arquitecto de la creación?

Dios hizo de la especie humana su obra principal y la revistió de inteligencia. Los seres humanos lo han buscado desde los albores de la existencia. Sus descendientes han dado origen a miles de religiones tratando de entenderlo; han escrito miles de libros, pero Dios sigue siendo un gran misterio. Para desvanecer nuestras dudas, vino a la tierra un hombre llamado Jesús. Pero él tuvo comportamientos contrarios a nuestra lógica.

¿Por qué Jesús murió en condiciones inhumanas? ¿Por qué, cuando estaba libre, hizo milagros impresionantes pero al ser arrestado nada hizo para aliviar su dolor? ¿Por qué defendió a sus verdugos en la cruz y no reaccionó con violencia e iracundia?

Antes de hablar específicamente de la crucifixión, usaremos los tres primeros capítulos para analizar algunas áreas fundamentales de la inteligencia de Cristo. De no hacerlo, no podríamos comprender al hombre que en el auge del dolor tuvo reacciones capaces de dejar boquiabierto a cualquier investigador lúcido de la psicología, la psiquiatría o la filosofía.

Muchos teólogos creen conocer al Maestro de maestros. Este libro, sin embargo, tal vez sea la prueba de que sabemos muy poco del personaje más famoso de la tierra.

Una búsqueda incansable de nuestros orígenes

Además, sabemos muy poco de nosotros mismos. ¿Quiénes somos? ¿Cómo producimos pensamientos y construimos nuestra conciencia? ¿Se dio ya cuenta que cada uno de nosotros es un ser único en el teatro de la vida? ¿Que la vida humana es muy breve y que vivimos en un pequeño paréntesis del tiempo? Los políticos están en los congresos; los maestros, en los salones de clase; los médicos, en los consultorios; las madres, con sus hijos; los trabajadores, en las empresas, y todo parece normal y rutinario. Sin embargo, muy pocos se dan cuenta que la vida humana, con todos sus acontecimientos, es en el tiempo solo una centella que rápidamente brilla y luego se apaga.

Basta con que dos momentos se encuentren, el de la niñez y el de la vejez, para hacer de nosotros solo una página en la historia. ¿Tiene usted conciencia de la brevedad de la vida? ¿Lo estimula esa conciencia a buscar la sabiduría superior?

Apasionado por la especie humana

Si usted lograra comprender algo de la complejidad de los fenómenos que son representados en el palco de nuestra mente y que construyen las ideas, descubriría que no hay árabes o judíos, americanos o alemanes, negros o blancos sino que somos todos una única y apasionante especie.

El Maestro de la vida, Jesucristo, era profundamente apasionado por la especie humana (Mateo 4.24). Brindaba a cada persona una atención especial e individual. Por donde pasaba, su objetivo era abrir las puertas de la mente de los que encontraba y aumentar su comprensión de la vida. No era una tarea fácil, pues las personas vivían paralizadas dentro de ellas tal como hoy muchas siguen paralizadas como para pensar.

Tenemos la impresión de que algunas personas son inmutables. Frecuentemente repiten los mismos errores, siempre dan las mismas respuestas para los mismos problemas, no consiguen dudar de sus verdades ni estar dispuestas para pensar en nuevas posibilidades. Son víctimas y no autoras de su propia historia. ¿Busca usted ser el autor de su historia o es víctima de sus problemas?

Jesús deseaba que el ser humano fuera autor de su propia vida, capaz de ejercer con conciencia su derecho de decidir. Por eso, invitaba a que lo siguieran. Al contrario de él, nosotros presionamos a nuestros hijos, alumnos, funcionarios y clientes a que sigan nuestras ideas y preferencias.

El Maestro del amor tenía mucho que enseñar a cada persona, pero nunca las presionaba para que estuvieran a sus pies escuchándolo. El amor, y no el temor, era el perfume que ese fascinante maestro exhalaba para atraer a las criaturas y hacerlas verdaderamente libres (Mateo 19.2).

El espectáculo de la vida

El mundo necesita de pensadores. La sociedad necesita de personas con ideas innovadoras, capaces de contribuir para enriquecer nuestras inteligencias y cambiar las rutas de nuestras vidas.

Rara vez un político, un intelectual o un artista tienen ideas nuevas y brillantes. No hay emoción en sus palabras. Es difícil encontrar hombres y mujeres famosos que nos encanten con su inteligencia.

Estamos tan ocupados en comprar, vender, poseer y hacer, que perdemos la sensibilidad para dejarnos impactar por el espectáculo de la vida y por los secretos que la cercan. ¿Ya se detuvo usted a pensar que la vida que late en usted es fuente insondable de enigmas? ¿Escuchó ya a alguien haciendo una simple indagación filosófica como: «¡Qué misterio es estar vivo y zambullido en el tiempo y en el espacio!»? Quien deja de preguntar acerca de los fenómenos de la existencia destruye la capacidad de aprender.

Los niños de hoy tienen más información que un anciano del pasado. Muchos adultos están abarrotados de información, pero difícilmente saben organizarla. Saber mucho pero pensar poco no lleva a ningún lugar. Muchos tienen una mente con pocos centímetros de profundidad y kilómetros de extensión.

Pero si usted, así como yo, está aburrido con la carencia de pensadores en una sociedad donde las escuelas se multiplican, por cierto se irá a consolar con la lectura de este libro. Estudiaremos a un personaje real que no solo sorprendía a las personas, sino que las dejaba asombradas con sus pensamientos (Mateo 7.28).

A lo largo de más de veinte años he venido estudiando el funcionamiento de la mente. En ese período produje, como algunos saben, una nueva teoría acerca de la construcción de la inteligencia, llamada «Inteligencia multifocal». Escribí más de tres mil páginas sobre el fantástico mundo de las ideas y de las emociones. Puede parecer que escribí mucho, pero es poquísimo comparado con los secretos que nos distinguen como seres pensantes.

Sin querer vanagloriarme, me gustaría decir que investigué algunos fenómenos que los pensadores de la psicología, como Freud, Jung, Roger, Erich Fromm, Vítor Frankl y Piaget no tuvieron la oportunidad de estudiar. Son fenómenos relacionados con los papeles de la memoria, con la construcción de las cadenas de pensamientos y con la formación de la compleja conciencia humana.

Mis estudios me ayudaron a analizar, aunque con limitaciones, algunas áreas de la mente insondable de Cristo: cómo gobernaba sus pensamientos, cómo protegía sus emociones, cómo superaba sus focos de estrés, abría las ventanas de su mente y daba respuestas admirables en situaciones angustiantes. Estudiar el funcionamiento de la mente humana amplió mis horizontes para ver el espectáculo de la vida. ¿Consigue usted ver el mundo deslumbrante de la inteligencia humana?

Muchos no alcanzan a comprender que las personas a su derredor son más complejas que los agujeros negros en el espacio sideral. Cada vez que usted produce una reacción ansiosa, vive un momento de inseguridad o construye un pequeño pensamiento, provoca un fenómeno más complejo que la acción del sol.

De igual manera, los niños con deficiencia mental son tan complejos en el funcionamiento de la mente como los intelectuales, pues poseen intactos los fenómenos que construyen las cadenas de pensamientos. La diferencia está solo en la reserva de memoria que alimenta esos fenómenos. Si hubiera la posibilidad de producir una memoria auxiliar, ellos serían intelectualmente normales.

Pocos logran percibir el privilegio de ser una persona, pues no consiguen mirar más allá de la pantalla de sus problemas y dificultades.

Jesús, un excelente utilizador del arte de la duda

Independientemente de que Jesús sea el Hijo de Dios, fue el más humano de los hombres. Fue hombre hasta la última gota de su sangre, hasta el último latido de su corazón. Jesús amaba ser hombre y luchaba para que las personas percibieran el valor incondicional de una vida. Para eso, buscaba desobstruir la inteligencia de ellas. ¿Qué herramientas usaba? (Mateo 16.13)

Muchos piensan que Jesús solo hablaba de la fe, pero él usaba una herramienta más eficaz para abrir las ventanas de la mente humana: el arte de la duda. A lo largo de mi trayectoria como investigador, percibí que el arte de la duda es una herramienta fundamental para expandir el alcance del pensamiento. La muerte de un científico ocurre cuando deja de dudar de su conocimiento.

Dudar de las propias convicciones puede fortalecerlas si ellas tuvieren fundamento, o puede abrir nuevas posibilidades de pensamiento si ellas fueren frágiles y superficiales. Los que saben utilizar el arte de la duda van al encuentro de la sabiduría superior, y por eso siempre consideran el conocimiento propio como una pequeña gota en el océano.

Los jóvenes de nuestros días son frecuentemente arrogantes y autoritarios. El mundo tiene que girar en torno a sus verdades y necesidades. Por estar llenos de información, creen que entienden todo. Rara vez una persona más vieja consigue cambiar las rutas de lo que sienten y piensan. ¿Por qué? Porque no aprendieron a dudar de sí mismos, a cuestionar las propias opiniones ni a ponerse en el lugar de los demás.

¿Dónde están las personas arrogantes y autoritarias? En todos los ambientes, hasta en los que deberían ser los menos sospechosos, como las universidades y las instituciones religiosas. De cierta forma, el autoritarismo se encuentra en el interior de todos nosotros.

Hace poco tiempo atendí a un excelente abogado. La depresión y la ansiedad lo hacían llorar a cada rato. Aparentemente era humilde y sencillo, pero detrás de esa humildad había una persona autosuficiente y casi impenetrable.

Manipulaba a sus psiquiatras, orientaba su tratamiento, podía prever los efectos secundarios de los medicamentos que tomaba. Consecuentemente su mejora era inestable. Debido a que no aprendió a gobernar sus pensamientos ni a ser el autor de su propia historia avanzaba y retrocedía. Felizmente, hace poco comenzó a tomar conciencia de sus reacciones autoritarias y a volver a escribir los principales capítulos de su vida.

Una de las principales características de la persona autoritaria es imponer, y no exponer, lo que piensa. ¿Cuáles son algunas características principales de una persona autoritaria? Dificultad para reconocer sus errores y aceptar críticas. Defensa radical. Hablar mucho de sus propias ideas. Dificultad en ponerse en el lugar del otro. ¡Cuidado! Si usted reconoce que tiene esas características, esfuércese por cambiar. Ellas no son saludables y conspiran contra la tranquilidad y el placer de vivir. Procure relajarse y ser flexible.

Jesús fue la persona más flexible y amplia que he analizado. Sus opositores lo ofendieron de las formas más crueles, y él no los injurió. Era una persona de convicciones sólidas, pero nunca imponía lo que pensaba. Sabía respetar a los demás, no exigía disculpas por los errores ni exponía a nadie en público. Algunas personas, con su sensibilidad, lograron hacerlo cambiar de opinión y él se alegró de ellas y hasta les hizo elogios, como es el caso de la mujer sirofenicia (Marcos 7.27, 28).

Fue un excelente maestro en el uso del arte de la duda. ¿Cómo la usaba? Por medio de preguntas y de sus estimulantes parábolas (Mateo 13.10). Primero, Jesús usaba la duda para quitar las ideas preconcebidas, después hablaba de la fe. Inteligente como era, hablaba de una fe inteligente.

Pero, ¿no es la duda contraria a la fe?

Todas nuestras creencias nos controlan. Usando la herramienta de la duda, el Maestro libertaba a las personas de la dictadura de las ideas preconcebidas para después hablar de su plan trascendental.

Los tres niveles de duda

La duda tiene tres niveles: ausencia de duda, presencia de duda inteligente, presencia excesiva de duda.

La ausencia de duda genera psicópatas. Quien nunca duda de sí, quien se cree infalible y perfecto nunca tendrá compasión por los demás.

La duda inteligente abre las ventanas de la inteligencia, estimula la creatividad y la producción de nuevas respuestas y echa fuera el orgullo.

La presencia excesiva de duda lleva a retraer la inteligencia y produce mucha inseguridad. Las personas se vuelven excesivamente tímidas y se castigan a sí mismas.

Las parábolas de Jesús tenían el objetivo de estimular el espíritu de las personas y romper su cárcel espiritual, llevándolas a confrontarse con su orgullo y rigidez. Él contestaba las preguntas con otras preguntas, y sus respuestas siempre abrían los horizontes de los pensamientos. Jesús era un gran maestro de la educación pues sus discursos no solo informaban sino que formaban.

Algunos tienen títulos de doctores pero son simples reproductores de conocimiento que repiten lo que otros estudiaron y lo que otros produjeron. En la vida necesitamos de poetas y de ingenieros de nuevas ideas. Debemos sorprender a las personas y ayudarles a cambiar las bases de su historia.

Los que caminaban con Jesús rompían constantemente sus propios paradigmas. No había rutina. Sus reacciones y comportamientos sorprendían de tal forma a sus discípulos que, poco a poco, fueron puliendo sus personalidades. ¿Sorprende usted a las personas estimulándolas o las bloquea?

Un ingeniero de ideas, una historia de éxito

Recuerdo a un paciente con un excelente nivel intelectual pero que vivía bajo un serio agotamiento, lo que le hacía tener serios problemas relacionales con una de sus hijas. Padre e hija tenían frecuentes encontronazos. Durante el proceso terapéutico, le dije que si quería cambiar la naturaleza de su relación con la hija tenía que volver a formar la imagen enfermiza que la relación había construido en los territorios inconscientes de las memorias de ambos.

Ya que es imposible rehacerla esa imagen, el desafío era reeditarla. Y para que su hija pudiera reeditar la imagen enfermiza que tenía del padre, este debía sorprenderla con actitudes inesperadas, únicas. Él entendió los papeles de la memoria y estableció como meta cambiar esa historia. Sin metas, no podemos cambiar la ruta de nuestras vidas.

Cierto día, mi paciente pidió a la hija que comprara un ramo de flores para regalar a la esposa de un amigo que cumplía años. Ella se rehusó diciendo que no tenía tiempo.

En otras circunstancias, esa negativa habría hecho detonar en el padre una reacción inconsciente,[*] llamada «gatillo de la memoria», que abriría una ventana conteniendo una imagen enfermiza de la hija y llevándolo a agredirla con palabras. Volvería a decirle que él la sostenía, que pagaba sus estudios en la universidad, que le pagaba la gasolina del carro y que ella no reconocía su valor. Como siempre, los dos saldrían heridos.

Pero esta vez, él cambió de actitud. Estaba aprendiendo a controlar sus pensamientos y las ventanas de la memoria de modo que guardó silencio y se fue. Se dirigió a la floristería, compró el ramo de flores. Y, ¿sabe qué más hizo? Escogió la rosa más hermosa para regalársela a su hija. Al llegar a casa, le entregó la rosa, diciéndole cuánto la amaba, que ella era alguien muy especial para él y que no podía vivir sin ella. Atónita

_____
[*] Cury, Augusto J., *Inteligência Multifocal* [Inteligencia Multifocal] (São Paulo: Editora Cultrix, 1998).

con la actitud del padre, la joven echó a llorar porque acababa de descubrir a alguien que no conocía.

El cambio en el comportamiento de mi cliente persistió, lo que hizo que la hija, casi sin darse cuenta, comenzara a reeditar en los archivos inconscientes de su memoria la imagen autoritaria y rígida del padre. Empezó a respetarlo, a amarlo, a escucharlo, percibiendo que, aunque no supiera expresarse, él quería lo mejor para ella. El padre, a su vez, comenzó a volver a formar la imagen de la hija, maravillándose de sus cualidades.

No es difícil imaginar lo que sucedió después. Dejaron de ser dos desconocidos. Comenzaron a compartir sus mundos y sus historias. Antes, aunque respiraban el mismo aire, vivían en mundos diferentes, muy distantes el uno del otro.

Hoy son grandes amigos. El cambio fue tan notable, que él me pidió que en un próximo libro escribiera acerca del papel que juega la memoria en la sanidad de las relaciones dañadas que pudieran existir entre padres e hijos. He incluido su historia como una forma de satisfacer su deseo. Ese hombre se transformó en un ingeniero de ideas.

Algunas investigaciones que hice me llevaron a concluir que más del ochenta por ciento de los padres viven con sus hijos como perfectos desconocidos. ¿Logra usted sorprender positivamente con sus actitudes a aquellos con quienes convive, o es una persona inmutable? Si no las sorprende, nunca las conquistará.

Reflexione sobre la posibilidad que usted sea una persona difícil. A veces somos buenos productos en pésimos envoltorios, lo que nos hace vender muy mal nuestra imagen. Hable con el corazón. Conquiste a las personas difíciles. Haga cosas que nunca hizo por ellas. Sea un ingeniero de ideas. Produzca impacto en las emociones y en la memoria de sus seres queridos. Quedará impresionado con los resultados.

Los ingenieros de ideas son cada vez más escasos no solo en el campo de las relaciones interpersonales, sino también en el área de la psicología, de la sociología, de la filosofía y de las ciencias físicas y matemáticas.

El ingeniero de ideas más extraordinario

Jesús establecía relaciones sociales muy ricas, y en poco tiempo. Las personas que convivían con él lo amaban intensamente. Multitudes despertaban antes del amanecer para oírlo.

Juan nos cuenta en el capítulo cuatro de su evangelio la historia de la samaritana, una mujer promiscua y rechazada socialmente. Pero el Maestro del amor no le pidió explicaciones acerca de los hombres con quienes había andado. Solamente dijo que ella estaba sedienta, ansiosa, y que necesitaba beber de un agua que jamás había experimentado, un agua que saciaría su sed para siempre.

El diálogo dejó a la samaritana tan encantada que, aunque no lo conocía bien, se fue por la ciudad hablando a todos acerca de él. ¿Qué hombre era ese que, con pocas palabras, dejaba maravillados a sus oyentes? Las personas quieren delimitar a Jesús el hombre, pero eso es imposible. Independientemente de su divinidad, fue un hombre fascinante.

La educación se está muriendo

En todo el mundo, la educación está en un proceso de bancarrota. Educar ha sido una tarea desgastante y poco eficiente no por culpa de los educadores ni por la falta de límites de los jóvenes y niños. El problema es más grave ya que viene ocurriendo entre los bastidores de la mente humana, fenómeno que los investigadores sociales y los investigadores de la psicología no están comprendiendo.

El ritmo de construcción del pensamiento en el mundo moderno se aceleró como algo enfermizo, generando el síndrome del pensamiento acelerado, o SPA.* Estudiaremos este síndrome más adelante.

Los jóvenes están desarrollando el SPA de forma colectiva. Eso hace que busquen ansiosamente nuevos estímulos para excitar sus emociones y, cuando no los encuentran, quedan agitados e inquietos. Los salones de clases se volvieron rincones de tedio y estrés donde los alumnos no se concentran y tienen poco interés en aprender.

Los profesores son como cocineros que siempre preparan alimentos para una platea sin apetito. En todas partes del mundo los conflictos en los salones de clases están llevando a los profesores a verdaderas enfermedades colectivas.

De acuerdo con la investigación realizada por la Academia de Inteligencia que yo dirijo, en Brasil el noventa y dos por ciento de los educadores tienen tres o más síntomas de estrés y cuarenta y uno por ciento tienen diez o más de diez, entre los cuales se destacan la migraña, los dolores musculares, el exceso de sueño, la irritabilidad. Solo consiguen trabajar a cambio de perjudicar intensamente su calidad de vida.

La escuela desconsideró al educador más grande del mundo

La educación incorporó muchas teorías, pero no tuvo en consideración al educador más grande del mundo. Si las escuelas estudiasen y usasen, sin vínculo religioso, la psicopedagogía y los principios de la inte-

---

* Cury, Augusto J., *Treinando a emoção para ser feliz* [Entrenando la emoción para ser feliz] (São Paulo: Academia de Inteligencia, 2001).

ligencia del Maestro de maestros, seguramente ocurriría una revolución en los salones de clases.

¿Qué es educar? Educar es producir a un ser humano feliz, sabio y que ame el espectáculo de la vida. De ese amor emana la fuente de la inteligencia. Educar es, además, producir una sinfonía donde riman dos mundos: el de las ideas y el de las emociones.

Si las escuelas conociesen los procedimientos educacionales que Jesús utilizó, no solo formarían personas saludables, invertirían en la calidad de vida de sus maestros.

A pesar de ser los profesionales más nobles de la sociedad, a los educadores se les valora poco. Los psiquiatras tratan a las personas enfermas, y los jueces juzgan a los reos. ¿Y los profesores? Educan a los individuos para que no tengan trastornos psíquicos o terminen sentándose en el banco de los reos. Aunque menospreciados, los profesores son la infraestructura de la sociedad. Ellos necesitan tener subsidios para solucionar los conflictos en el salón de clase, educar las emociones de los alumnos y hacer laboratorios para desarrollar la inteligencia.*

Jesús hacía laboratorios educacionales del más alto nivel. Hacía laboratorios de las funciones más importantes de la inteligencia, laboratorios de superación, laboratorios de entrenamiento del carácter, talleres de psicología preventiva. Quien andaba con él rescataba el sentido de la vida y deseaba ser eterno. Solo desea ser eterno quien ha aprendido a amar la vida, elevar su autoestima y no gravitar en torno a sus sufrimientos. Este es un aspecto de la inteligencia espiritual.

Cuando el Maestro de las emociones decía: «Amarás a tu prójimo como ti mismo» (Mateo 22.39), estaba haciendo un excelente

---

* Zagury, Tânia, *Límites sin trauma* (Argentina: Nuevo Extremo, 2004).

laboratorio de autoestima. Si yo no amo la vida que late dentro de mí, independientemente de mis errores, ¿cómo voy a amar a mi prójimo? No es posible amar a los que lo rodean, si usted no se ama a usted mismo primero. No espere ser solidario con los demás si usted es su propio verdugo.

Jesús sabía enseñar a hombres y mujeres a pensar y a navegar en las aguas de la emoción. Quería tratar las heridas del alma y cuidar del bienestar de las personas. No estaba preocupado por su imagen social. Sufría todos los riesgos por causa de un ser humano.

¿Serán, muchos de los que admiran a Jesús, capaces de amar al ser humano de esa forma? ¿Es usted capaz de ver que detrás de las bellas sonrisas hay heridas profundas en gente que no sabe cómo pedir ayuda?

Quedaremos sorprendidos al ver que, incluso cuando se estaba muriendo, Jesús investigaba las emociones de las personas y se preocupaba por ellas. La sangre que se escurría por su cuerpo no era suficiente para hacerlo dejar de preocuparse por cada ser humano. Sus heridas no lograban sofocar su ánimo. Él tenía una capacidad irrefrenable para amar y confortar la emoción humana.

¿Qué otro título podríamos darle a Jesucristo sino el de «El Maestro del amor»?

2 | Un príncipe en el caos: ¿por qué Jesús fue carpintero?

¿Fue planeada su profesión de carpintero?

¿Por qué Jesús fue carpintero? Yo me hice varias veces esa pregunta. ¿Por qué no fue agricultor, pastor de ovejas o maestro de la ley? Si todo en su vida estuvo planeado, ¿sería su oficio una simple casualidad del destino? ¿Sería que se hizo carpintero solamente porque esa era una actividad humilde y carente de grandes privilegios sociales? (Mateo 13.55)

Después de pensar en todo lo que Jesús vivió y de analizar su historia detenidamente, quedé impresionado y profundamente conmovido con las conclusiones a que llegué. Jesús fue carpintero porque moriría con las mismas herramientas con que había trabajado. ¿Quién soportaría trabajar con las mismas armas que sabía que un día lo destruirían?

El joven Jesús trabajaba diariamente con martillo, clavos y madera. José, su padre, debió de haberlo alertado en más de una ocasión que tuviera cuidado al usar el martillo, pues podría herirse. El niño, de acuerdo con los escritos de Lucas, escritor del tercer evangelio, sabía cuál era su misión, lo que indica que ya conocía su destino. Eso explica por qué previó claramente la forma como moriría, y la transmitió a sus seres íntimos antes que hubiera cualquier amenaza en el aire (Marcos 9.31).

Sin duda que el niño Jesús sabía que un día sería herido de forma violenta con las herramientas que manipulaba. Cuando clavaba un clavo en la madera, probablemente tenía la conciencia de que sus muñecas y pies serían clavados en una cruz.

María, su madre tan delicada y observadora, quizás también haya pedido al hijo que fuera cuidadoso, pues las herramientas eran pesadas y peligrosas. Y al oír los consejos de su madre, Jesús pudo haberle dicho: «Gracias mamá, voy a tener mucho cuidado». El joven Jesús protegía a su madre pues sabía que ella no soportaría oír acerca de su fin.

Tenía muchos motivos para tener conflictos

Cada vez que el golpe del martillo en los clavos producía un estallido agudo, Jesús sabía que tenía que aprender a proteger sus emociones. Imagine a un adolescente dudando entre jugar y entre pensar en su propio fin.

Pudo haber evitado el trabajo con martillos, clavos y madera. Pudo haber pensado mal acerca de todo lo que le trajera a la memoria el martirio que tendría que enfrentar, pero no lo hizo. Las razones para que el joven Jesús desarrollara emociones enfermizas eran innumerables.

La responsabilidad social, el deseo ardiente de agradar a su padre invisible, la preocupación por el destino de la humanidad y la conciencia de su terrible fin eran fuentes estresantes, capaces de robarle completamente el encanto a la vida.

El simple hecho de trabajar con las mismas herramientas que iban a producirle las más intensas heridas en su cuerpo habría sido razón suficiente para crear áreas de tensión en su inconsciente, controlar completamente su personalidad y hacer de él un joven infeliz y un adulto ansioso e inseguro. Sin embargo, contra todas las expectativas, Jesús alcanzó el tope de la salud psíquica.

Un príncipe de paz

A pesar de tener todos los motivos para ser una persona frágil y angustiada, Jesús se volvió un hombre fuerte y pacífico. No temía ni a la muerte ni al dolor. Hablaba de la superación de la muerte y de la eternidad con una increíble seguridad. Era tan seguro, que se exponía a situaciones de riesgo y no se refrenaba para decir lo que pensaba.

Jamás alguien tuvo el valor de decir lo que él afirmó en sus discursos. Aunque la muerte es el más antinatural de todos los fenómenos naturales, Jesús hablaba de vencerla como si fuera un ingeniero del tiempo (Mateo 24.29).

Para comprender por qué Jesús el hombre no se enfermó del alma sino que se reveló como un príncipe de paz en medio del caos, necesitamos examinar algunos papeles de la memoria y algunas áreas del funcionamiento de la mente.

Ahora me gustaría que usted, lector, abriera las ventanas de su mente para comprender algunos mecanismos psíquicos complejos en un texto sintético. Explorar la mente humana es uno de los viajes más interesantes que podemos hacer. Intentaré explicar esto de forma accesible.

La memoria es como una gran ciudad. En ella hay muchísimos barrios que se intercomunican. Tiene un área central a la que yo llamo MUC (memoria de uso continuo), y una gran parte periférica a la que llamo ME (memoria existencial).

El registro en la memoria es producido por el fenómeno RAM (registro automático de memoria). El fenómeno RAM registra en forma automática todas nuestras experiencias, y en forma privilegiada las que poseen gran intensidad emocional, como una ofensa o un elogio.

Todas las experiencias negativas que contienen miedo y rechazo generan inmediatamente en la memoria una zona de estrés. De esa forma, quedarán disponibles y susceptibles de producir una infinidad de pensamientos obsesivos acerca de ellas.

Cuando alguien le ofenda, usted debe rápidamente aniquilar la zona de estrés emocional. Para eso, en menos de cinco segundos usted deberá evaluarla, confrontarla y reciclarla. ¿Cómo? Tomando conciencia de ella y usando ideas directas e inteligentes que la evalúen, confronten y reciclen. Haga eso silenciosamente en el interior de su mente. Si usted no reacciona pronto, esa tensión quedará registrada en forma privilegiada en la memoria de uso continuo (MUC), produciendo un archivo o zona de tensión enfermiza en la memoria. Eso le hará volver a pensar miles de veces en la ofensa y en la persona que le ofendió. ¿No es eso lo que sucede cuando alguien nos hiere?

Cuanto más pensamos en un problema mal solucionado, más se registra y expande el área de estrés en los archivos de la memoria. Nos ponemos ansiosos, perdemos la concentración y hasta el sueño. Cuando no controlamos las ideas fijas que producimos, nos volvemos especialistas en provocar dolor en nosotros mismos.

Con el paso de los días o meses, tal vez no nos acordemos de los problemas que tuvimos, pero estos no se habrán ido. ¿Dónde están? Dejaron las áreas conscientes de la memoria de uso continuo (MUC) y se instalaron en las áreas inconscientes de la memoria existencial (ME). O sea, dejaron el centro de la memoria y fueron hacia la periferia. Eso hará que cuando volvamos a vivir una situación estresante o dolorosa, entremos en el área periférica donde se encuentran y volvamos a ser afectados por ellos.

Cuando sienta aquella angustia, tristeza o desánimo y no sepa de dónde viene ni por qué surgió, las causas habría que buscarlas en las áreas de tensión en la periferia de su memoria. Usted no las recuerda, pero forman parte de la fibra con la que se teje la historia de su vida.

Muchas pérdidas, ofensas, fracasos, momentos de miedo e inseguridad de nuestro pasado están guardados en «barriadas» de la ciudad de la memoria. Algunas de esas «barriadas» se encuentran en el centro de la memoria y nos perturban diariamente. Es el caso de la pérdida de un empleo, de un problema que no alcanzamos a solucionar, o una enfermedad obsesiva acompañada de ideas fijas. Otras están en la periferia y nos perturban de cuando en cuando, como experiencias traumáticas del pasado.

La MUC representa la memoria de más fácil acceso, la que más usamos a diario para pensar, sentir, reaccionar y concientizarnos: es la memoria consciente. La ME es la que contiene los secretos de nuestra historia y queda en las áreas principales del inconsciente. Quien estudie y comprenda esos mecanismos tendrá grandes posibilidades de superar las turbulencias de la vida y equipar la propia inteligencia.

La memoria incontaminada del joven Jesús

Si no hubiese sido una persona con alta capacidad para gobernar sus pensamientos y volver a escribir su historia, Jesús habría tenido una personalidad llena de conflictos con una memoria de uso continuo (MUC) y una memoria existencial (ME) saturadas de áreas de tensión. Y si no hubiese poseído una habilidad incomparable para conquistar las áreas de tensión de la emoción, pudo haber sido controlado por el miedo, transformándolo en alguien extremadamente ansioso y traumatizado. Pero el miedo no estaba en el diccionario de su vida. Además de eso, Jesús era manso y humilde. El mundo podía derrumbarse sobre su cabeza y, aún así, permanecería sereno.

Cierta vez, sus enemigos quisieron arrestarlo y él simplemente pasó por en medio de ellos (Juan 10.39). En otro momento, los discípulos, que sabían trabajar en el mar, estaban aterrados debido a una tormenta inusualmente violenta. Y Jesús, ¿qué estaba haciendo a esa hora? ¡Estaba durmiendo! El Maestro de la vida lograba dormir tranquilamente en un barco en peligro inminente de hundirse (Mateo 8.24).

Hay personas que quedan bloqueadas intelectualmente después que sufren una experiencia traumática, como un accidente, la pérdida del empleo, una humillación en público, una separación. Las áreas de tensión de la emoción se vuelven grandes áreas de tensión de la memoria.

¿Será posible borrar o anular la memoria? ¡No! La memoria solamente puede ser reescrita o reeditada, pero nunca borrada, excepto si ocurre una enfermedad degenerativa, un tumor en el cerebro, un trauma en el cráneo. Por lo tanto, después de registradas las áreas de tensión, la única cosa que se puede hacer es reescribir la memoria con osadía y determinación.

Jesús evitaba el registro enfermizo en su memoria, elegía el camino más inteligente. Es mucho más fácil no crear enemigos que volverlos a registrar en los laberintos de nuestras memorias.

No hay regresión pura al pasado

¿Cuáles son las áreas de la memoria que controlan su vida? ¿En qué piso del «gran edificio» de su pasado se detuvo el ascensor? Necesitamos ir hasta ese piso. Pero tenemos que saber que no existe regresión pura al pasado. Quien rescata el pasado es la persona que usted es hoy, con una conciencia de sí mismo y del mundo distinta de la que tenía cuando el hecho sucedió y quedó registrado.

Por lo tanto, cuando usted «entra en el ascensor» y regresa al pasado lo hace con la conciencia del presente y probablemente con mejores condiciones para reinterpretar las experiencias antiguas y reescribirlas. Si la reinterpretación fuere bien hecha, usted reedita el pasado y trasforma las áreas de tensión de tal manera que deja de ser víctima de su propia historia.

Una buena técnica para reescribir la memoria es actuar en las ventanas que se abren espontáneamente en el diario vivir. La próxima vez que, por causa de un acontecimiento, usted se sienta tenso, irritado, frustrado, haga lo que yo llamo un «stop introspectivo»; es decir, pare y piense. No se juzgue ni se culpe. Aproveche el momento. Sepa que, con el estímulo externo, usted abrió algunas ventanas enfermas y ahora tiene una excelente oportunidad para reeditarlas. Así, poco a poco, se sentirá libre para pensar y sentir.

Como en las sociedades democráticas, no hay libertad si no fuéremos libres dentro de nosotros mismos. La gran paradoja de las sociedades políticamente democráticas es que el ser humano, a pesar de ser libre para expresar sus sentimientos, frecuentemente vive en una cárcel intelectual. Libre por fuera, pero prisionero por dentro.

Una memoria como un jardín

Hay dos tipos de educación: la que informa y la que forma.

La educación que nos informa nos enseña a conocer el mundo donde estamos. La educación que forma nos enseña a conocer el mundo que somos. La educación que informa nos enseña a solucionar problemas de matemática; la educación que forma nos enseña a solucionar los problemas de la vida. La educación que informa enseña idiomas, la que forma enseña a dialogar. La educación que informa da certificados de graduación, la que forma nos hace eternos aprendices.

La educación que forma, enseña a los alumnos a desarrollar las funciones más importantes de la inteligencia y a luchar con las angustias, sus límites, sus conflictos existenciales.

La educación que forma hace un puente entre la escuela tradicional y la escuela de la vida. Actualmente, los adolescentes no están preparados en lo absoluto para sufrir pérdidas y frustraciones, lo que no es de sorprender pues la educación convencional desprecia a la educación de las emociones. ¿Cómo esperar que nuestros jóvenes naveguen en las aguas de las emociones si nunca se les enseñó cómo hacerlo?

El adolescente Jesús ya poseía una refinada capacidad para proteger sus emociones contra los focos de tensión. Todas las veces que golpeaba la madera con el martillo, evitaba que el martillo golpeara sus emociones. Si estas eran afectadas por algo, rápidamente reciclaba el área de tensión y no se dejaba consumir por el pánico ni por la ansiedad. De esa forma, las áreas de su memoria, que debían ser un árido desierto, se volvían un jardín.

38

Muchos hicieron de sus vidas un inmenso desierto. No aprendieron a resolver sus traumas, sus pérdidas, sus dolores físicos y emocionales. Esas experiencias quedaron fuertemente registradas en la urdimbre de la historia de sus vidas. Su mal humor, ansiedad, una reacción agresiva y su hipersensibilidad son reflejos de un pasado herido y no tratado.

Sin embargo, de nada sirve andar lamentando nuestras miserias y frustraciones. Eso no conduce a nada positivo. Por más malo que haya sido su pasado, aunque usted haya sufrido violencias físicas, emocionales o sexuales, quejarse de sus miserias es la peor forma de superarlas. No se transforme en una víctima. Con la conciencia que tiene hoy, critique su pasado, recíclelo, aplique un golpe de lucidez a sus emociones y reedite los focos de tensión de su memoria.

¿Cómo? A los que desean más detalles, les recomiendo algunas técnicas explicadas en mi libro *Treinando a emoção para ser feliz* [Entrenando la emoción para ser feliz].* Una de ellas es el DCD (dudar, criticar y determinar). Dude de su incapacidad, dude del control que la enfermedad puede ejercer sobre usted. Critique cada pensamiento negativo, critique la pasividad y la tendencia del yo a hacerse la víctima. Determine ser alegre, determine ser libre e impacte sus emociones con golpes de lucidez. Repita esa técnica decenas de veces al día, en el silencio de su mente. Usted se sorprenderá y se alegrará de los resultados.

El DCD es una técnica psicoterapéutica de gran valía, pero no reemplaza la visita a un psiquiatra o a un psicólogo clínico cuando se hace necesario.

---

* Cury, Augusto J., *Treinando a emoção para ser feliz* [Entrenando la emoción para ser feliz] (São Paulo: Academia de Inteligência, 2001).

Nunca le tema a sus miserias. Siga ascendiendo a los pisos superiores del edificio de la vida con la firme determinación de reeditar el pasado buscando una vida más feliz.

¿Es su memoria un jardín o un desierto? No espere a que las condiciones sean ideales para cultivar un jardín en el suelo de sus emociones. En las condiciones más adversas somos capaces de cultivar las más bellas flores.

Desde la más temprana juventud, el Maestro de la vida aprendió a cultivar, en el interior de su alma y bajo el mismo sol hirviente de las presiones sociales, un jardín de tranquilidad y felicidad. En las situaciones más estresantes, sus seres íntimos conseguían sentir el aroma de sus emociones pacíficas y serenas. No permitía que nada ni nadie le robara la paz.

Cómo generan los ataques de pánico enfermedades psíquicas

Innumerables personas en todo el mundo son víctimas del síndrome del pánico. Los ataques de pánico se caracterizan por el miedo súbito a desmayar o a morirse, acompañado de taquicardia, aumento del ritmo respiratorio, mucho sudor y otros síntomas. Si las grandes áreas de estrés producidas por los ataques de pánico no son tratadas rápida y adecuadamente, pueden producir en la memoria dramáticas áreas de tensión.

Como ya vimos, esas áreas de tensión quedan disponibles en regiones privilegiadas de la memoria. Cuando se dispara un nuevo ataque de pánico, se abre una ventana, se expone el área de tensión allí retenida y se reproduce la sensación de fobia o de miedo. Esa experiencia también se registra, expandiendo las «barriadas» enfermizas del inconsciente.

El síndrome del pánico produce el teatro virtual de la muerte. Trae un inmenso sufrimiento capaz de controlar completamente la vida de personas lúcidas e inteligentes. Aunque no es difícil combatir ese síndrome, el secreto está en no solamente tomar antidepresivos sino en enfrentar los focos de tensión, desafiando el miedo y reeditándolo.

Una de las características admirables de Jesús era que él enfrentaba las situaciones estresantes sin temor. No huía de sus enemigos, no temía ser cuestionado, no temía entrar en charlas difíciles y, tampoco tenía miedo de usar las herramientas que un día habrían de destruirlo.

Enfrente su miedo. Desafíelo. Al hacerlo verá que el monstruo no es tan feo como se lo imaginaba. Si le da las espaldas, se volverá un gigante invencible. El miedo siempre aumenta el volumen y la dimensión de los problemas. Por eso es tan importante darnos un golpe de lucidez en nuestras emociones en lugar de adoptar una actitud pasiva.

Las drogas y el romance en el inconsciente

Recuerdo a una joven que atendí en un hospital psiquiátrico en Paris. Era adicta a la heroína y estaba en tratamiento. Al atenderla, le mostré que cuando se hizo adicta a la droga el problema dejó de ser la droga fuera de ella sino que pasó a ser la imagen de la droga registrada en su inconsciente.*

Mientras le hablaba de esto, abrí una revista para mostrarle algo y, de repente, ella vio una imagen de un polvo semejante a la droga que ella usaba. Al ver aquella imagen, el gatillo de su memoria se activó, abriéndose una ventana del inconsciente que contenía sus experiencias con la heroína asociándolo inmediatamente con la droga, lo que la dejó angustiada. Todo ese proceso se demoró una fracción de segundo.

---

* Cury, Augusto J., *A pior prisão do mundo* [La peor cárcel del mundo] (São Paulo: Academia de Inteligência).

Así, entendió que su mayor batalla no era eliminar la droga fuera de ella, sino terminar el romance dentro de ella, reescribir esa imagen en su memoria. Solamente reeditando la película del inconsciente podría romper la cárcel de la emoción.

Es mucho mejor prevenir la creación de registros enfermizos en la MUC y en la ME,* pues, una vez registrados, la tarea de reeditarlos es compleja y lleva tiempo, paciencia y perseverancia.

La actitud del niño y, posteriormente, del joven y del adulto Jesús, de proteger sus emociones y no hacer de su inconsciente una cesta de basura refleja la más eficiente psicología preventiva. Lamentablemente, muchos psicólogos aún no han descubierto ese proceso. Jesús era feliz en la tierra de los infelices, y se sentía tranquilo en la tierra de la ansiedad. Sus reacciones en la cruz dejarían atónito a cualquier investigador científico. Con todo, sus reacciones únicas eran una consecuencia de lo que él fue y vivió desde la más temprana niñez.

Nadie debe desanimarse por haber registrado varios conflictos en su memoria. Lo importante es saber que no hay milagro capaz de superar los conflictos de nuestra personalidad. Es un trabajo que requiere persistencia y dedicación. A veces logramos asear algunas «barriadas» de la memoria, pero siempre quedan otras en la periferia, y esas nos llevan a tener recaídas. Eso es natural, y no podemos desanimarnos por causa de ellas. Recuerde los avances y siga trabajando.

Lo que importa es no desistir jamás de la vida. No sea inmediatista. Nunca se decepcione de sí mismo al punto de no desear caminar más. Aunque sea con lágrimas, es necesario seguir y reescribir las imágenes de todo lo que está tapando nuestra inteligencia y nos impide ser libres. Y,

* Cury, Augusto J., *Inteligência Multifocal* [Inteligencia Multifocal] (São Paulo: Cultrix, 1998).

cuando menos lo piense, habrá limpiado sus ríos, alumbrado sus calles, construido jardines de modo que será una persona más feliz.

Todos estamos enfermos en el área de las emociones

No hay nadie en esta tierra que no esté enfermo en el área de las emociones. Unos más, otros menos. Algunos manifiestan sus conflictos, otros los reprimen. Pero todos tenemos, en diferentes niveles, dificultades para controlar nuestros pensamientos. ¿Quién consigue gobernar plenamente sus sentimientos y ser el dueño de sus emociones?

El peor enfermo es el que no reconoce su propia fragilidad. ¡Cuidado! Como dije, cuando sufrimos una agresión, por ejemplo, tenemos solo cinco segundos para criticar en silencio las áreas de tensión de las emociones, y no permitir que se registren como áreas enfermas en la memoria. Solamente así podemos evitar que generen ideas fijas.

No deje que las ofensas dañen su día. No permita que los fracasos hagan de usted una persona tímida e inferior. No se castigue por sus errores. Reconozca sus fallas, repare los daños que causó y cambie sus rutas. ¡Atención! El sentimiento de culpa exagerado paraliza las emociones y nos controla.

Desde el punto de vista de la psicología, Jesús pasó por el más dramático estado de estrés que un ser humano pueda experimentar. No habría sido extraño que se volviera un hombre radical y agresivo pero, en lugar de eso, reveló ser extremadamente amable y compasivo.

Pudo haber atribuido poco valor a la vida, pero en cambio contemplaba con placer las cosas más sencillas, como por ejemplo los lirios del campo. Era previsible que fuera un revoltoso, un especialista en criticar y juzgar a las personas, pero en lugar de eso, dijo: «Bienaventurados los misericordiosos, porque ellos alcanzarán misericordia» (Mateo

5.7). ¿Quién es ese hombre que exhala gentileza en la tierra que el estrés volvió árida?

El canto del gallo

Jesús dijo que Pedro lo negaría tres veces antes que el gallo cantara (Juan 13.38). Fue exactamente lo que ocurrió. Pedro era una persona fuerte y realmente amaba a su Maestro, pero no se conocía a sí mismo. Cometemos muchos errores cuando no nos conocemos.

Lo que controla el área de la lectura de memoria son las emociones. Cuando estas están dominadas por la ansiedad y la aprehensión, entonces las ventanas de la memoria se cierran, impidiendo que la persona piense con libertad.

Personas con raciocinio brillante son capaces de experimentar disgustos simplemente porque bloquearon su memoria en los momentos de intenso estrés. Muchas veces en público pierden la seguridad y la tranquilidad para producir ideas profundas. ¿Por qué? Porque la tensión emocional bloquea los campos de la memoria.

Pedro jamás se imaginó que el miedo impediría su capacidad de pensar. Cuando afirmó que, si era necesario moriría con Jesús, estaba siendo sincero. Pero cuando no conocemos nuestros límites, somos capaces de asumir actitudes vergonzosas. La imagen del Maestro siendo torturado sin reaccionar llegó hasta el cerebro de Pedro, hizo una lectura rápida de la memoria y generó un miedo súbito que bloqueó su capacidad de pensar. ¿No hemos sido nosotros también víctimas de esos mecanismos?

Pedro negó vehementemente a su Maestro. Cuando lo negó por tercera vez, el gallo cantó. En su inconsciente se fundieron dos experiencias: la negación y el canto del gallo. La imagen del gallo quedó sobredimensionada en su memoria, por haber sido asociada al mayor error de su vida. Es posible que por eso Pedro haya adquirido un temor exagerado al canto de los gallos, al asociarlo al hecho de haber negado a su Maestro.

Esa historia habla de mecanismos que nosotros también experimentamos. ¿Qué tipo de fobia perturba sus emociones, controla la lectura de su memoria o paraliza su capacidad de pensar?

Jesús fue un excelente psicoterapeuta. Él sabía que Pedro quedaría con un trauma. Con su mirada tierna, en el momento de la tercera negación, suavizó el área de tensión de las emociones de su discípulo. Días después, al preguntarle categóricamente y por tres veces si lo amaba (Juan 21.15) Jesús, con gran habilidad, lo ayudó a reescribir la memoria de las tres veces en que lo había negado, lo que será tema del próximo volumen de esta colección, *El Maestro inolvidable.**

En lugar de producir un hombre lleno de conflictos, los innumerables problemas del Maestro de la vida produjeron en él un excelente médico del alma, un hombre saludable emocionalmente.

Preparó a sus seres íntimos para soportar el invierno emocional

En su mente, Jesús confrontaba el dilema entre hablar y no hablar a los discípulos acerca de la forma como moriría. Si hablaba, podría generar un trastorno obsesivo-compulsivo en su madre y en sus discípulos. Si elegía el silencio, ellos quedarían totalmente desprevenidos para soportar su drama.

---

* Cury, Augusto J., *Análise da Inteligência de Cristo – O Mestre Inesquecível* [Análisis de la Inteligencia de Cristo – El Maestro inolvidable] (Rio de Janeiro: Sextante, 2006), (*El Maestro inolvidable* será publicado por Grupo Nelson en 2010).

Así es que prefirió hablar, pero sin alarde, acerca de su fin. Y lo hizo por lo menos cuatro veces. Dijo lo suficiente para que los discípulos pudieran tener una pequeña conciencia de su caos sin que tuvieran que sufrir por eso.

Algunos insisten en hablar de sus problemas para que todo el mundo gire en torno a ellos. Otros se callan, haciendo de su historia y de sus dificultades grandes secretos. Jesús era equilibrado. Hablaba de forma serena sobre cosas altamente estresantes.

El Maestro de la vida trabajó en el inconsciente de sus discípulos sin que ellos se dieran cuenta. Hizo un excelente trabajo psicológico. Los preparó no solo para la primavera de la resurrección, sino para el riguroso invierno de la cruz.

¿Trabaja usted en el inconsciente de sus hijos preparándolos para que soporten las turbulencias de la vida? ¿Trabaja en las mentes de sus funcionarios preparándolos no solo para el éxito, sino también para los tiempos difíciles?

Un buen líder corrige sus errores, un excelente líder los previene. Un buen líder ve lo que está delante de sí, un excelente líder ve más allá de lo que está delante de sus ojos.

Un excelente observador de la psicología: un escultor del alma humana

Jesús fue el Maestro de maestros de la escuela de la vida, una escuela donde muchos psiquiatras, psicólogos y ejecutivos son pequeños aprendices. Allí, primero desarrolló para sí mismo paciencia y tolerancia. Cuando niño, crecía en estatura y sabiduría (Lucas 2.40). José y María, sus padres terrenales, lo admiraban.

Su habilidad para observar los fenómenos sociales y ambientales era espectacular. La rapidez de su raciocinio era impresionante. La capacidad de síntesis y objetividad al formular las ideas, asombrosa. Con una simple frase, como: «El que no tenga pecado, arroje la primera piedra», decía innumerables cosas y provocaba una verdadera revolución en sus oyentes.

A través de las historias que contaba lograba sintetizar muchos detalles en pocas palabras. Solo la mente privilegiada de un excelente observador de los eventos de la vida sería capaz de elaborarlas. Decía: «Las zorras tienen guaridas, y las aves del cielo nidos...» (Mateo 8.20); «Considerad los lirios del campo...» (Mateo 6.28); «El sembrador salió a sembrar...» (Mateo 13.3). El Maestro de maestros fue uno de los narradores de historias más grandes de todos los tiempos. Historias que cambiaban el rumbo de la vida de las personas que él atraía y educaba.

El oficio de Jesús como carpintero era un símbolo de su actuación como escultor del alma humana. Sus manos se habían puesto ásperas y gruesas por el trabajo de tallar las láminas con las que fabricaba las Toras. La piel de sus manos se había exfoliado de tanto cargarlas en carros tirados por animales. Pero aunque sus manos se habían tornado toscas, el Maestro refinaba su arte de pensar y amar. Mientras trabajaba las piezas de madera, analizaba atentamente las reacciones y los pensamientos de los que lo rodeaban.

Tenemos poquísimos relatos de lo que sucedió con los doce cuando Jesús tenía treinta años de vida. Pero las ideas y conceptos que expresó sobre la naturaleza humana revelan que fue un excelente observador de la psicología. No hay profundidad cuando los ojos del alma ven poco.

En su análisis de los comportamientos humanos y sus causas, Jesús-hombre percibió que el ser humano estaba enfermo en su alma. Enfermo por la impaciencia, la rigidez, la intolerancia, la dificultad de contemplar lo bello y la incapacidad de entregarse por los demás sin esperar nada a cambio.

Cierta vez, los fariseos le preguntaron a Jesús por qué se involucraba con pecadores y personas éticamente reprobables. Jesús los miró y dio una respuesta directa: «Los sanos no tienen necesidad de médico, sino los enfermos» (Mateo 9.12).

El Maestro de la vida comprendió las limitaciones humanas. Entendió que el ser humano domina el mundo externo, pero no tiene dominio sobre su propio ser interior. Roma dominaba el mundo, pero los generales y emperadores romanos eran dominados por sus emociones arrogantes.

Solamente alguien que conociera las limitaciones humanas en sus raíces más íntimas podría amar incondicionalmente al ser humano en una sociedad saturada por ideas preconcebidas y discriminaciones. Solamente alguien que pudiera penetrar las entrañas del alma podría perdonar y dar tantas oportunidades como fuesen necesarias para que uno volviera a empezar.

En una tierra de exclusión, Jesucristo acogió. En un ambiente social donde unos querían estar por encima de los otros, él admitió una vez estar por sobre las personas: cuando estaba clavado sin piedad en la cruz.

Nadie fue tan grande como él y nadie supo hacerse tan pequeño. La grandeza de un empresario o de un político no está en los periódicos que dan la noticia de sus hechos, sino en la capacidad de hacerse pequeño para comprender las dificultades humanas.

Un padre nunca será un gran padre si no aprende a doblegarse y penetrar en el mundo de sus hijos. El Maestro del amor se hizo pequeño para hacer grandes a los pequeños.

¿Logra usted hacerse pequeño para alcanzar a las personas que no tienen su nivel intelectual o su experiencia de vida o se apresura a criticarlas? La crítica sin afecto produce angustia y controla la abertura de la memoria de las personas a las que se las critica. Es mejor valorarlas para que abran las ventanas de sus mentes. Así, nuestras palabras serán capaces de oxigenar las emociones de los demás.

Laboratorios de inmersión: las excelentes técnicas pedagógicas

Mientras caminaba con los discípulos, el Maestro del amor preparaba diversos laboratorios para zambullirlos en un entrenamiento capaz de cambiar sus vidas. No se quedaba tan solo hablando, sino que creaba situaciones o usaba circunstancias para producir verdaderos laboratorios destinados a aumentar la autoestima de los discípulos, superar las dificultades, aprender a trabajar en equipo y oxigenar el inconsciente.

Jesús utilizó diversas estrategias para trabajar en el alma humana. Escogió la estirpe de hombres menos recomendables para pulirlos. Permitía, a veces, que los discípulos entraran en dificultades para que se revelaran las áreas de tensión enfermizas de sus memorias. Cuando eso sucedía, surgía una oportunidad preciosa para reeditar la película del inconsciente.

Cuando Pedro, sin preguntar a Jesús, dijo a un oficial romano que su Maestro pagaba impuestos, Jesús le preguntó: «Los reyes de la tierra, ¿de quiénes cobran los tributos o los impuestos? ¿De sus hijos, o de los extraños?» (Mateo 17.25) Pedro contestó que de los extraños. Perplejo, entendió que su Maestro era el hijo del Autor de la vida. Por eso, quedó decepcionado consigo mismo, pues una vez más, reaccionó sin pensar.

Delicadamente, Jesús prosiguió, preparando otro laboratorio para enseñar a Pedro a pensar antes de reaccionar. Le dijo que fuera a pescar y que dentro del primer pez que pescara encontraría una moneda para pagar el impuesto por los dos. Pedro, un especialista en el arte de pescar nunca había sacado una moneda de dentro de un pez. Posiblemente, mientras pescaba, reflexionaba recorriendo y aseando las «barriadas» de su memoria. De esa forma, en cada laboratorio, se pulía un poco más la piedra bruta de su personalidad.

¿El resultado? El apóstol Pedro se volvió un hombre tan inteligente y gentil que sus dos epístolas son un verdadero tratado de psicología social. De ellas emana sabiduría, comprensión de los dolores humanos y de los conflictos existenciales. Él, que no sabía soportar el sufrimiento o el estrés, estimuló a sus lectores a que no temieran los dolores de la existencia, sino a que los superaran con valor, sabiendo que trasforman el alma, así como el fuego purifica el oro.

Esculpió el alma humana en la escuela de la vida

En una tierra donde los sentimientos humanos estaban embotados y las personas eran lerdas para aprender el arte de pensar, Jesús llevó a cabo laboratorios de sabiduría. Al caminar con él, los insensibles se volvieron poetas, los agresivos calmaron sus ímpetus, los indoctos se transformaron en pensadores.

Cuando el Maestro de la vida dijo: «Bienaventurados los mansos, porque ellos recibirán la tierra por heredad» (Mateo 5.4), quería decir que la violencia genera violencia, y que todo opresor un día sería derribado por los oprimidos. Evidenciaba que los territorios del reino que anunciaba, al contrario de lo que ocurre en este mundo, son conquistados por la mansedumbre.

Juan, el más joven de los discípulos, a pesar de parecer muy amable, tenía emociones explosivas y saturadas de ideas preconcebidas. Cierta vez sugirió que Jesús destruyera con fuego del cielo a algunas personas que no simpatizaban con él (Lucas 9.54). Si el más amable de los discípulos quería destruir a los que no formaban parte de su grupo, ¡imagine qué se podría esperar de los otros!

El Maestro del amor, siempre dócil, escuchaba los absurdos de los discípulos y pacientemente trabajaba en los rincones de sus almas brutas y desprovistas de compasión. Así fue como esculpió las emociones de Juan. ¿El resultado? Juan se volvió un poeta del amor. En los últimos momentos de su vida, escribió palabras que dan testimonio de cuánto llegó a amar a cada ser humano.

Probablemente a usted le guste trabajar con personas con las que se pueda relacionar fácilmente. Tal vez hubiera preferido tener hijos menos complicados, menos problemáticos, o compañeros de trabajo más receptivos y francos. Pero no olvide que muchos científicos y personas con éxito de la actualidad fueron, en el pasado, personas muy difíciles. ¿Por qué tuvieron éxito? Porque alguien invirtió en ellas. Es probable que las personas más problemáticas sean las que más alegrías le den en el futuro.

El Maestro de la vida prefirió trabajar con las personas difíciles para mostrar que vale la pena invertir en el ser humano. Trabajó pacientemente con los que eran considerados escoria de la sociedad y todos, excepto Judas, aprendieron el arte de amar. Les enseñó que en las pequeñas cosas se esconden los más bellos tesoros.

Los condujo a quitarse sus máscaras sociales y a descubrir que la felicidad no está en los aplausos de la multitud ni en el ejercicio del poder sino en las avenidas de las emociones y en las callejuelas del espíritu. Los discípulos abandonaron a Jesús en el momento que más él los necesitaba.

El Maestro previó eso y no murmuró. Un día regresaron y se volvieron más fuertes.

¿Cuida usted delicadamente de su vida, porque comprende que es breve como una gota de agua que se evapora con el sol del mediodía? ¿Se deja llenar por problemas y saturar por el sistema social? ¡Invierta en su vida y en la de los demás!

Esa es la única inversión que siempre gana, aun cuando usted mismo pierda. Aunque las personas de quien usted cuidó con cariño lo abandonen, un día regresarán pues las semillas tardan pero no dejan de germinar. Confíe en las semillas.

3 | Una humanidad inigualable

Un hombre fascinante

Muchos aman los hechos sobrenaturales de Jesús, exaltan su poder divino pero no alcanzan a ver la exuberancia de su humanidad. El hombre Jesús era un especialista en captar el sentimiento más oculto en las actitudes de las personas, incluso de las que no lo seguían. A veces nosotros no logramos captar los sentimientos de las personas más íntimas, mucho menos de las distantes.

Las paradojas que cercaban al Maestro de la vida nos dejan boquiabiertos. Por un lado decía ser inmortal, por otro apreciaba tener amigos temporales; hablaba sobre la pureza de los oráculos de Dios y al mismo tiempo extendía las manos a las personas fallidas éticamente; era capaz de resucitar a una niña, pero ocultaba su poder pidiendo a los padres que la alimentaran.

Muchos tienen fama y dinero, pero interiormente son pobres y desvalidos. Jesús, aunque muy famoso, era un hombre sencillo por fuera y especial por dentro. En las sociedades modernas vivimos la paranoia de la fama. Los jóvenes sueñan con ser actores, actrices, deportistas, cantantes, personas famosas. Sin embargo, no conocen las consecuencias emocionales que la fama mal controlada puede causar.

Más que el anonimato, la fama conspira contra el placer de vivir más. La gran mayoría de las personas famosas son menos felices que cuando eran desconocidas. Con frecuencia pierden la alegría de las cosas sencillas y se encierran en una burbuja de soledad, aunque estén rodeadas de multitudes. La paranoia de la fama es enfermiza. Busque ser especial por dentro y deje que los elogios vengan naturalmente sin vivir dependiendo de ellos.

Financieramente rico, pero emocionalmente triste

Un día, un hombre muy rico y famoso decidió llevar a la realidad un gran sueño: cultivar un jardín con plantas de todo el mundo. Deseaba tener el placer de contemplarlas cada vez que llegara del trabajo. Así es que llamó a los mejores paisajistas y plantó todo tipo de flores. ¡Todo era tan bello! Al poco tiempo regresó a la rutina de sus problemas. Como tenía muchas actividades y preocupaciones, poco a poco fue perdiendo el encanto por el jardín.

Un día se enojó con el jardinero al sorprenderlo cantando mientras cuidaba las flores. Sin embargo no tardó en darse cuenta que la belleza está en los ojos de quien la ve; que de nada vale ser el dueño del jardín si no se es capaz de controlar las emociones para apreciarlo; que de nada vale tener miles de flores si los pensamientos no se calman para sentir el perfume. De modo que al darse cuenta que el jardinero, con una humilde cuenta bancaria era dueño de una alta cuenta emocional, lo que lo hacía más feliz que él, comenzó a reconsiderar su estilo de vida.

Hay millonarios que tienen mayordomos, jardineros y trabajadores emocionalmente más ricos que ellos. La felicidad viene del trabajo realizado con placer, y de la alegría y belleza extraídas de las pequeñas cosas de la vida. Muchas personas de éxito frecuentan constantemente consultorios de psiquiatras. Tuvieron éxito financiero, social e intelectual, pero se abandonaron a ellos mismos. No tuvieron éxito en vivir días felices y tranquilos.

La fama tocaba a la puerta del hombre Jesús, pero él la despreciaba. Jamás perdió la sencillez y el encanto por la vida. De igual modo en el auge de la fama aun conseguía hacer de los lirios del campo un espectáculo para sus ojos. Su sociabilidad y su espontaneidad lo llevaron a almorzar y a cenar placentera y frecuentemente en la casa de las personas, incluso de las que no conocía (Mateo 26.6).

Jesucristo reunía en su personalidad gentileza y seguridad, elocuencia y sencillez, gloria y anonimato, grandeza y humildad. Enfrentaba el mundo para defender lo que pensaba pero, al mismo tiempo, conseguía llorar sin recelos delante de las personas. Él alcanzó el ápice de la salud psíquica. Su humanidad fue inigualable.

¿Es usted capaz de reunir en su personalidad, gentileza y seguridad? ¿Es usted una persona que contagia a los demás con su sencillez y espontaneidad? Muchas veces nuestras sonrisas no son ni espontáneas ni frecuentes.

Necesitamos aprender del Maestro de maestros a vivir saludablemente en el suelo de esta sinuosa existencia. Debemos dejar a un lado nuestros títulos académicos y nuestra cuenta bancaria, y aprender a disfrutar de relaciones espontáneas y flexibles con las personas.

Una de las peores cosas que un psicólogo o un psiquiatra puede hacer contra sí mismo es seguir siendo un profesional de la salud mental fuera del ambiente del consultorio. Eso atenta contra la forma sencilla de disfrutar la vida.

Placer en ser hombre

Billones de hombres y mujeres, tanto budistas e islámicos como cristianos admiran profundamente a Jesucristo. Pero muchas personas quieren a Cristo en el cielo, sin reconocer que él desea ser reconocido como Hijo del Hombre.

Él, el más sobrenatural de los hombres, amaba la naturalidad. Ayudaba a todos con su poder, ese mismo poder que no quiso usar a favor de sí mismo cuando fue juzgado y crucificado. Quiso ser hombre hasta agotar la totalidad de la energía de sus células, y tener en las bases de su memoria todas las experiencias humanas. ¿Hasta dónde valoramos nuestra dimensión humana?

El Maestro sabía acallar su propia alma y extraer mucho de lo poco. Dormía cuando todos estaban agitados y velaba cuando todos dormían. Sus emociones no eran víctima de las circunstancias, por eso permanecía calmado incluso cuando el mundo parecía caer sobre él. Enseñaba de la fuente de la alegría, aun cuando había enemigos que deseaban arrestarlo (Juan 7.37).

¡Con cuánta frecuencia nos transformamos en esclavos de las circunstancias! Nuestras emociones, movidas por problemas, parecen un péndulo yendo de un lado al otro. Si a pesar de tener muchos motivos de alegría usted no la siente, es momento de reconsiderar algunos fundamentos de su vida.

Jesús era el Maestro del amor porque consideraba a cada persona como un ser especial y no como solo otro número en la multitud. ¡Para él, todos eran bellos! Al abrazar a los niños, invitaba a todos los adultos a ser pequeños alumnos en la escuela de la vida.

Si usted nunca se detuvo a contemplar las reacciones de un niño, no ha conocido uno de los mayores placeres del ser humano, el de encantarse con una linda expresión de vida. Si no logra deslumbrarse con los secretos que hay en el funcionamiento de la mente de un niño, difícilmente tendrá tiempo y habilidad para admirar su propia vida.

Haga una pausa y observe el admirable mundo de los pensamientos y las emociones. ¿Cómo pensamos? ¿Cómo penetramos en la oscuridad de la memoria en milésimas de segundos? ¿Cómo encontramos en medio de billones de opciones los elementos que forman las cadenas de nuestros pensamientos? ¿Cómo estar seguros de que los verbos que utilizamos en la construcción de las ideas son exactamente los que queríamos utilizar?

Cuando los individuos, después de explorar intensamente el inmenso espacio y el pequeño átomo, tengan tiempo de mirar dentro de ellos, comprenderán que la ciencia tiene límites exploratorios. Los mayores misterios no están en el espacio, sino en el espíritu humano. Las mayores dudas de la ciencia no tienen que ver con el origen del universo, sino con el origen de la inteligencia en la construcción de las ideas más pequeñas. Cuando un niño piensa, aunque esté abandonado en las calles, realiza algo más complejo que todas las investigaciones de la más famosa de las universidades.

¿Se impresiona usted cuando observa a las personas pensando, sintiendo e intercambiando experiencias? Los programas de Microsoft son sistemas rudimentarios si se comparan con los fenómenos que nos hacen producir los momentos de alegría y tristeza, tranquilidad y ansiedad. Su inteligencia, estimado lector, como la de cualquier ser humano, es espectacular. Y, aunque usted tenga muchos defectos, nunca se menosprecie ante nadie. Toda discriminación, además de inhumana, atenta contra la inteligencia.

En los tiempos de Jesús, los leprosos eran marginados de la sociedad. Pero el desprendimiento de Jesús era tan grande que daba más atención a un leproso que a un fariseo. ¿Por qué? Porque para él, nadie es más grande o más pequeño. No hacía eso solo por ser un hombre amoroso, sino porque veía la grandiosidad de la vida, y esa visión lo hacía capaz de tratar a una meretriz con respeto, llamándola «mujer» (Juan 8.10). Si usted nunca se dio cuenta de la grandiosidad de la vida, difícilmente logrará honrar a las personas sin privilegios.

Es lamentable percibir que muchos viven de forma indigna, rebajando a los demás, midiéndose por la cuenta bancaria, por certificados académicos o por su status social.

Si usted llegara a encontrarse en la calle con el presidente de la república y cerca de él viese a un niño desprotegido socialmente, debería dirigirse primero al niño. Él es tan importante como el gobernante y necesita más de usted. Es fundamental que honremos solemnemente el espectáculo de la vida.

Sin amor la vida no tiene sentido

Cierta vez un padre me trajo a su hijo que estaba con depresión y que, además, tenía problemas de drogadicción. Los dos viven en los Estados Unidos. Viajaron miles de kilómetros para buscar ayuda.

Cuando le pregunté al padre por qué había venido de tan lejos para buscar ayuda para su hijo si en su país hay tan buenos psiquiatras, me dijo que iría a cualquier parte del mundo con tal que su hijo pudiera ser feliz y llegara a tener éxito en la vida.

Había leído uno de mis libros y creía que yo podría ayudarlo.

¿Qué lleva a un padre a confrontar situaciones extremas para ayudar a un hijo? Si nuestra mente fuera limitada como la de una computadora, seguramente eliminaríamos a nuestros hijos problemáticos, dependientes o deficientes. Sin embargo, mientras más dificultades tienen ellos, más vínculos creamos y más los amamos.

Recientemente, un padre me comentó que tenía una hija con deficiencia mental. Ella era alegre y sociable no obstante que, a causa de la deficiencia en almacenar información en la memoria, tenía dificultades para construir pensamientos complejos. Sus padres y sus dos hermanos la amaban intensamente y la cuidaban con mucho cariño. Un día, la niña falleció.

Con su muerte, parte de la vida de la familia entró en colapso. ¿Por qué? Porque el amor imprime la imagen de nuestros seres íntimos en las raíces de nuestro inconsciente. Después de muerta la hija, la mamá seguía despertando de madrugada para llevarle el té como lo había hecho siempre. Se olvidaba que ya se había ido.

Las personas mueren, pero el amor hace que sigan vivas dentro de nosotros. Sin amor, ¿qué sentido tiene la vida? El *homo sapiens* es una especie admirable no solo porque produce ciencia y tecnología, sino principalmente porque posee emociones capaces de amar. El amor nos hace cometer actos ilógicos para proteger y cuidar a quienes amamos.

Solo el amor nos hace cometer actos inconcebibles. Si Dios fuera una megacomputadora, nunca habría permitido que su Hijo muriera en la cruz por la humanidad. El amor hizo que las dos personas más importantes del universo cometieran hechos ilógicos para rescatar a quienes amaban.

El Maestro del amor quería enseñar a los hombres el arte principal de la inteligencia y el más difícil de aprender: el arte de amar. Para aprenderlo era necesario cultivar la contemplación de lo bello, la tolerancia, la compasión, la capacidad de perdonar y la paciencia. Amar es una palabra fácil de pronunciar, pero difícil de practicar. Muchos no logran amarse ni a ellos mismos, mucho menos a los demás. Pero, sin amor ¿qué sentido tiene la vida?

El amor renueva las esperanzas, reanima el alma, reaviva la juventud de las emociones. Las emociones de quien no ama envejecen precozmente, lo cual es grave. Quien ama, aunque esté en un asilo de ancianos, vive en la primavera de la vida. Si usted aprende a amar, será un eterno joven, aunque peine canas. Pero si no ama, será un viejo, aunque tenga el cuerpo joven.

El amor por su trabajo usted lo demuestra en su dedicación y en la satisfacción en llevarlo a cabo. El amor por su vida lo revela en la forma como invierte en ella. Deténgase y observe la vida. Aprenda algunos secretos del Maestro del amor.

Un hombre que provoca suspiros

El dominio de Roma se extendía a muchas naciones. Tiberio César era el señor del mundo, y aunque Roma sofocaba el alma de cada judío, Israel nunca aceptó ser subyugada. En el pasado, Israel ya había pagado un alto precio para escapar del dominio de Egipto.

Pasaron cuarenta años andando por el desierto en busca de la tierra prometida. Canaán era más que un suelo, más que una tierra que destilaba leche y miel. Era un hogar para hacer descansar el alma. Aunque

Israel parecía ser una frágil centella, prefirió el calor del desierto a la servidumbre a faraón; el calor de un sol abrasador a la sombra de un techo que no era el suyo.

Pero ahora, los tiempos eran difíciles. El dominio del Imperio Romano era un cuerpo extraño que penetraba en el interior de la casa de los judíos. El miedo era parte de la rutina del pueblo. Roma y César eran los temas dominantes. Entonces, de repente, surgió imperceptible un carpintero que fue penetrando en el escenario físico y emocional de las personas.

Poco a poco el hombre Jesús se iba transformando en el tema dominante. Nadie sabía bien quién era él. Solo sabían que sus palabras alcanzaban sus corazones y sus actitudes llenaban los ojos de lágrimas.

Personas de culturas, orígenes y dogmas religiosos distintos se acercaban para tocarlo y oírlo. Jerusalén era un hervidero de gente. Jesús se reveló al mundo nada más que durante tres años y medio, pero fue tiempo suficiente como para que se hiciera inolvidable.

Era tan desinteresado en el poder que estimulaba a sus discípulos a que hicieran obras más grandes que las que él había hecho. Líderes políticos, académicos y hasta religiosos viven compitiendo con los demás, y los controlan para que nadie los supere. Pero Jesús estimuló a sus discípulos a superarlo en ayudar a las personas y aliviar el dolor humano.

Algunas mujeres quedaron tan emocionadas al conocerlo que, en un gesto espontáneo, lloraban y le besaban los pies. Los fariseos, llenos de malicia en sus pensamientos, las reprochaban, y criticaban al Maestro por permitir lo que consideraban un hecho infame y comprometedor. Pero Jesús sabía que las lágrimas y los besos de las mujeres hablaban en un lenguaje irreemplazable para expresar los más nobles sentimientos.

¡Ah! ¡Si supiéramos amar como él enseñó! Si los padres regalaran menos juguetes a sus hijos y les dieran más de ellos mismos y de su historia, ¡tendríamos más alegría y menos soledad dentro de los hogares modernos! Si los profesores dieran menos información y pasaran más tiempo penetrando el alma y educando las emociones de sus alumnos, ¡tendríamos menos conflictos en el salón de clases!

4 | La conmovedora trayectoria hacia el Calvario

El comunicador más grande del mundo no necesitaba de aparatos, dirección fija ni tecnología para atraer a las personas. Jesús tocaba profundamente la inteligencia y las emociones de los que lo oían.

Era época de Pascua, y miles de personas llegadas de todos los rincones del país llenaban las hostales, y muchas dormían a la intemperie. La multitud estaba inquieta, esperando el amanecer para verlo y oírlo. Pero, para sorpresa de todos, Jesús estaba en ese momento sometiéndose a un juicio.

Vimos en el libro anterior de la colección, El Maestro de la vida, que Jesús fue arrestado secretamente y juzgado en el silencio de la noche (Mateo 26.31). En las primeras horas del día ya se había dado el veredicto final.

De aquí en adelante estudiaremos sus pasos hacia la cruz. Antes de analizar los preparativos de la crucifixión y la propia crucifixión, examinaremos un texto al cual pocos ponen atención, pero que posee una belleza única: la trayectoria de Jesucristo hacia el Calvario o Gólgota, donde fue crucificado.

Saliendo de la Fortaleza Antonia: la gran sorpresa

El reo estaba mutilado. Había sido juzgado y golpeado. En menos de doce horas sus enemigos habían destruido su cuerpo. Al Hijo del Hombre no le quedaban fuerzas para caminar.

Incrustada en la cabeza del más amable de los hombres había una corona de espinas, produciéndole decenas de puntos de hemorragia. Su rostro estaba cubierto de hematomas. Aunque había sanado los ojos a los ciegos, ahora tenía sus ojos entumecidos. Los músculos de las piernas heridos; la piel de la espalda, abierta por los azotes; el cuerpo, deshidratado.

A Jesús lo tenían en la Fortaleza Antonia, que era la casa de Pilatos. Afuera, la multitud quería noticias. Deseaban conocer el veredicto romano. De repente, se vio venir a un hombre casi irreconocible conducido por soldados.

La multitud quedó horrorizada. No podía ser él. Parecía un espejismo. No podían creer lo que veían sus ojos. La desesperación comenzó a invadir a hombres, mujeres y niños. Nadie entendía qué estaba sucediendo. El hombre que había hecho milagros increíbles estaba allí, debilitado. El hombre que hablaba elocuentemente acerca de la vida eterna se estaba muriendo. ¡Qué contraste más absurdo!

¡La escena era impresionante! Gritos y llanto surgían de entre las personas que lo amaban. Los soldados gritaban y usaban la fuerza para abrirse camino. Lentamente se fue formando un pasillo humano para que pasara el reo.

Trato de imaginarme qué estaría pasando por la mente de aquellas personas cautivadas por el Maestro del amor, lo que les había dado un nuevo sentido a la vida. Cómo se habrán sentido al observar un sueño convertirse en pesadilla.

Perturbadas, tal vez se preguntaran: «¿Será que todo lo que él habló era mentira? ¿Y qué la vida eterna, sobre la cual tanto enseñó, no existe? ¿Será que nunca más encontraremos a nuestros seres amados que ya partieron? Si este es el Hijo de Dios, ¿dónde está su poder?» Nunca tantas preguntas quedaron sin respuestas.

Las personas en la multitud no conocían bien al hombre a quien amaban. Sabían que habían sido cautivadas por él y no podían dejar de seguirlo, pero desconocían su estructura emocional y su plan trascendental. Jamás podrían imaginar que todo lo que estaba ocurriendo era parte de un plan meticulosamente preparado.

Soportó y superó el dolor

Si Jesús se hubiera fijado en su dolor y hubiese dado lugar a la ira contra sus verdugos, seguramente habría abandonado el plan que incluía el beber aquella copa amarga. Pero ni los dolores ni la frustración fueron capaces de dominarlo.

Si bien nosotros abandonamos fácilmente a las personas que nos decepcionan él, al contrario, era de una perseverancia única. Su motivación no se debilitaba. Tenía metas sólidas y establecía prioridades para cumplirlas. Así, reunía fuerzas para soportar con dignidad lo que nadie soportaría con lucidez.

Jesús estaba sufriendo, pero no sufría como un miserable o un infeliz. En cada momento de dolor, entraba en un profundo proceso de reflexión y diálogo con su Padre. El Maestro de la vida caminaba dentro de sí mismo mientras se dirigía hacia su destino final. Lograba observar los dolores desde otra perspectiva.

¿Desde qué perspectiva vemos nuestros sufrimientos cotidianos? Muchos de nosotros no sabemos soportar las dificultades inherentes a la vida. Nos abaten en lugar de fortalecer nuestras bases, nos paralizan en lugar de libertarnos.

No se trata de buscar deliberadamente algún tipo de dolor para pulir nuestra personalidad. Debemos ir siempre en pos del confort, el placer y la tranquilidad. Sin embargo, incluso las personas más precavidas no logran controlar todas las variables de su vida. Por eso, nuestra trayectoria existencial estará siempre acompañada de pequeños dolores y frustraciones.

Lo importante es qué hacer con ellas. No reaccione con miedo, no se indigne, ni culpe al mundo. Recuerde que el Maestro de maestros mostró que el dolor puede ser una excelente herramienta para perfeccionar y fortalecer el alma.

Consuelo a las personas en el ápice del dolor: otra actitud excepcional

Jesús siempre estuvo dispuesto a cargar su cruz. Ahora había llegado el momento. Sin embargo, lo habían martirizado de tal forma que ya no tenía fuerzas para cargarla. Cada vez que intentaba poner el trozo de madera sobre los hombros, caía inevitablemente al suelo.

Los soldados descargaban sobre él sus látigos. Él, lentamente se levantaba y, de nuevo, caía sobre sus rodillas. Para no retrasar el proceso, llamaron para ayudarlo al primer hombre fuerte que encontraron a mano. Era Simón de Cirene sobre cuyos hombros pusieron la cruz (Lucas 23.26). Simón había venido de lejos, probablemente para ver a

Jesús y pedirle algún tipo de ayuda. Pero lo encontraba mutilado y necesitando ayuda.

Lucas, autor del tercer evangelio, describe la escena en forma elocuente. Dice que las personas estaban asombradas por el espectáculo (Lucas 23.27). Contemplaban el dolor y el drama de Jesús y eran invadidas por tal desesperación que se golpeaban el pecho desconsoladamente. El más elocuente y amable de los hombres estaba mudo e irreconocible.

Jesús caminaba lentamente. La cabeza caía sobre su pecho. No tenía condiciones físicas ni psíquicas para preocuparse de los demás; sin embargo, al oír los gritos de la multitud que lo amaba, se detuvo y alzó los ojos al cielo. Vio a los leprosos y a los ciegos que había sanado, a las meretrices que había acogido, a muchas madres cargando a sus hijos en los brazos. Entonces, cuando todos pensaban que no tenía más energías para razonar y decir cualquier palabra, miró a la multitud, fijó los ojos en las mujeres y dijo, probablemente con lágrimas en los ojos: «Hijas de Jerusalén, no lloréis por mí, sino llorad por vosotras mismas y por vuestros hijos» (Lucas 23.28).

Con esas palabras, parecía querer decirles: «Por favor, no lloren por mí. Me estoy muriendo, no se preocupen por mí. Preocúpense por ustedes mismas. Ustedes ya tienen demasiados problemas, lloren por ustedes y por sus hijos...» Pero el Maestro de la vida dijo en seguida algo enigmático. Dijo que si hacían eso en la madera verde, mucho peor harían en la madera seca (Lucas 23.31). Quería decir que si a él los romanos lo juzgaban en forma tan injusta, ¿qué no podrían hacer con los demás judíos?

Tal vez estuviese alertando a las madres para los días terribles que vendrían. Tal vez estuviese viendo anticipadamente la destrucción dramática de Jerusalén por los romanos en el año 70 de nuestra era. La destrucción de Jerusalén, hecho poco conocido en sus muchos detalles, fue uno de los capítulos más angustiantes de la historia de la humanidad. El lector que desee saber cómo ocurrió esa tragedia, encontrará un relato en el apéndice de este libro.

¿Qué hombre es capaz de, en el auge del sufrimiento, olvidarse de sí mismo y preocuparse por los demás? Era él quien necesitaba de consuelo, no la multitud. Era él que necesitaba detener la sangre de las heridas y aliviar los dolores. Una vez más, Jesús se olvidó de sí mismo, se volvió hacia los demás y trató de consolarlos.

¿Conoce usted a alguien que haya sufrido un grave accidente y que, a pesar de estar todo herido, sangrando y muriendo, haya sido capaz de olvidarse de sí mismo para consolar en su angustia a los que se le acercaban? Jesús invirtió los papeles. Su compasión no tiene precedentes históricos. Estaba herido y mutilado, pero consiguió olvidarse del dolor propio para concentrarse en el dolor de los demás. En la cruz, él llevó su solidaridad y amor hasta las últimas consecuencias.

No era posible dejar de llorar por él

Jesús estaba preocupado por las mujeres y por sus hijos, pero aun cuando estaba sufriendo y ya casi sin fuerzas, pidió que ahorraran sus lágrimas y no se preocuparan por él. El Maestro de la vida estaba alertando a cada habitante de Jerusalén. Pero, todo eso son suposiciones. Jesús tiene secretos que nunca serán revelados completamente, ni por el análisis científico ni por el teológico.

Aunque su caminar era vacilante, procuraba enjugar las lágrimas de cada una de aquellas personas. No había terminado de hablar cuando los soldados lo empujaban sin piedad. Aunque deseaba consolar a las mujeres, no logró reanimarlas. Ellas lo amaban, y por eso era imposible no sufrir por él. Verlo morir, mataba dentro de ellas el sentido de la vida.

El lenguaje de las emociones

Los discípulos que acompañaban a Jesús aprendieron uno de los lenguajes más difíciles e importantes, el lenguaje de las emociones. Aprendieron a no temer admitir las propias fragilidades, ni temer expresar sus sentimientos. Aprendieron a no temer amar ni llorar. Pedro lloró por haberlo negado (Lucas 22.62); Judas, por haberlo traicionado, y ahora una inmensa multitud sollozaba inconsolable al creer que iba a perderlo para siempre. ¿Ha aprendido usted el lenguaje de las emociones? ¿Vive usted reprimido dentro de sí mismo o sabe expresar sus sentimientos? Nunca se olvide de que la forma como los demás nos ven y reaccionan a nosotros no es tanto por lo que somos, sino por la manera como nos proyectamos. Hay personas excelentes pero sin capacidad de exteriorizar su amabilidad, su sabiduría y su preocupación por los demás.

Muchos padres, profesores, profesionales y empresarios tienen un excelente bagaje interior pero al mismo tiempo tienen gran dificultad en hablar el lenguaje de las emociones y exteriorizar sus ideas y sentimientos. Muchas veces transmiten una imagen de arrogancia y autoritarismo, aunque se trate de personas sencillas y humildes.

Mientras el Maestro del amor avanzaba, la gente lo acompañaba en su caminar lento. Él vertía sangre, y la multitud vertía lágrimas. ¡Qué escena! Nadie quería llegar al destino final, el Calvario. Nadie quería asistir al último capítulo de la historia del Maestro de las emociones. Verlo herido y mutilado ya era insoportable para aquel pueblo sufrido y sin esperanzas.

Un resumen del martirio: cuatro juicios y seis caminatas como criminal

Antes de analizar los acontecimientos que tuvieron lugar cuando Jesús llegó al Calvario, recordemos lo que él sufrió desde que fue arrestado la noche anterior en el jardín del Getsemaní. Esto es importante para que tengamos una idea sobre las condiciones físicas y emocionales con que Jesús llegó para ser crucificado.

Los líderes judíos temían que si no lo condenaban rápidamente, la multitud podría rebelarse. Así que presionaron tanto a Pilatos como a Herodes Antipas para juzgarlo sin demora. Cuando Pilatos, burlándose de ellos, dijo: «¿A vuestro Rey he de crucificar?» (Juan 19.15) los líderes judíos, indignados, exclamaron a gran voz que ellos no tenían a otro rey que César, el emperador romano. Los judíos jamás habían aceptado ser gobernados por alguien que no fuera de su raza.

Minutos antes, habían preferido al asesino Barrabás en lugar de a Jesús. Ahora cambiaban a Jesús por un tirano que estaba en Roma. ¡Nunca un hombre tan despreciado y odiado tuvo un comportamiento tan digno!

Años antes, los judíos ya habían presentado ante el gran emperador Tiberio César quejas contra Pilatos. Este sabía que si decían a Tiberio que él había absuelto a un hombre que se hacía llamar «rey de los judíos», el emperador no lo perdonaría, caería en desgracia y perdería su puesto. Pilatos sabía que Jesús era inocente, pero no soportó la presión política. Fue infiel a su conciencia y condenó a la pena máxima al más inocente de los hombres.

El Maestro de la vida hizo seis largas caminatas como un criminal: del jardín del Getsemaní hasta la casa de Anás; de la casa de Anás hasta la casa de Caifás; de la casa de Caifás hasta la casa de Pilatos, el gobernador; de la casa de Pilatos hasta la casa de Herodes Antipas; de la casa de

Herodes Antipas otra vez hasta la casa de Pilatos; de la casa de Pilatos hasta el Calvario. Nadie quería responsabilizarse de la muerte del más famoso e intrigante hombre de Jerusalén.

Lo escupieron y lo humillaron varias veces. Fue considerado doblemente falso: falso Hijo de Dios y falso rey. Pero no abrió la boca para agredir o reclamar a sus torturadores.

Se sometió a cuatro juicios injustos: en la casa de Anás, en la de Caifás, en la de Pilatos y en la de Herodes Antipas. En todos esos juicios sufrió la tortura emocional. Tres grupos de soldados le pegaron. Azotes mutilaron su cuerpo en la casa de Pilatos, y una corona de espinas le fue puesta en la cabeza como si fuera un falso y frágil rey.

Quedó desnudo por lo menos dos veces en público, en la casa de Herodes Antipas y en el Calvario. En la casa de Herodes, Jesús se calló y rehusó hacer cualquier milagro, como el gobernador de Galilea le solicitaba. No quiso decir ninguna palabra al político asesino y arrogante que había mandado degollar a su gran amigo y precursor, Juan Bautista.

Habría bastado que hiciera un milagro para que lo dejaran en libertad. Pero él prefirió el silencio. Por eso, Herodes lo desvistió, le puso un manto de rey y se burló de él. Lo pusieron en el centro de un palco y se reían con grandes carcajadas y gritos histéricos. Solamente alguien plenamente convencido de sus propios valores reemplaza las palabras con el silencio. Hablar demasiado para convencer a los demás es señal de inseguridad. Nunca un hombre fue tan fuerte y seguro en un ambiente donde solo era posible reaccionar con ansiedad y desesperación.

La ciencia también se abstuvo de comprender al hombre Jesús. Espero que mis compañeros investigadores de la psicología, de la psiquiatría y de las ciencias de la educación puedan tener la oportunidad de estudiar su inusitada personalidad.

En cada uno de los juicios, Jesús fue humillado públicamente, sin ninguna compasión. ¿Ha sido usted humillado públicamente? La humillación pública es una de las más angustiantes experiencias humanas.

Recuerdo a una paciente que a los doce años había sido humillada por una de sus profesoras. Al hacer una pregunta aparentemente desacertada, la profesora la ofendió delante de los compañeros diciendo: «Gordita, ¡qué poco inteligente es usted!» Aquello fue suficiente para que la ofensa quedara registrada en forma privilegiada en la memoria de la niña, sometiendo su personalidad a una profunda cárcel. Ella, que había sido sociable e inteligente, pasó a tener un bajo desempeño en la escuela y a aislarse socialmente. Siempre que salía mal en los exámenes o alguien le alzaba la voz, se abría la ventana de la memoria donde estaba el registro enfermizo provocado por la profesora, reproduciendo la experiencia de angustia y sentimiento de inferioridad. Poco a poco fue desarrollando depresión y a los dieciocho años intentó suicidarse.

Nunca humille a las personas ni las critique públicamente, aunque estén erradas. Haga elogios en público y haga las críticas en privado, como hacía el Maestro de la vida. Padres, profesores y jefes que humillan a las personas públicamente son capaces de dañar la capacidad intelectual de ellas para siempre.

Las humillaciones sociales se pueden perpetuar por generaciones. Es el caso de los descendientes de africanos. Hay miles de ellos que aún sufren de forma disfrazada las secuelas de la esclavitud. La esclavitud fue extirpada, pero sus secuelas permanecieron.

Si las clases sobre la esclavitud no fueren capaces de educar las emociones rescatando el dolor que los negros vivieron y exaltando su dignidad como seres humanos, ellas podrían perpetuar esas secuelas. La transmisión pasiva de las tragedias humanas, como el nazismo, las guerras mundiales o las atrocidades del Imperio Romano, pueden producir una psicoadaptación inconsciente en los alumnos, adormeciendo su sensibilidad. Nunca es demasiado repetir: informar no es suficiente para formar; necesitamos la educación que forma.

Los rechazos sociales se registran de forma privilegiada en la memoria, creando áreas de estrés capaces de controlar nuestra forma de ser y de actuar. Es necesario reciclar esas experiencias humillantes de rechazo y discriminación del pasado. Caso contrario, seremos víctimas y no autores de nuestra historia.

Debemos aprender del Maestro de maestros a proteger nuestras emociones. Mientras caminaba por una senda llena de agresiones y provocaciones, Jesús no reclamó ni se desesperó. Las personas podían rechazarlo, pero él no gravitaba en torno a lo que pensaban de él. Era lo suficientemente fuerte como para no hacer de sus emociones una cesta de basura, ni de su memoria un depósito de vergüenza y de autodesprecio.

Si usted gravita en torno a lo que dicen y piensan los demás de usted, busque fortalecer su protección emocional. No deje que una mirada torcida, una palabra áspera o una actitud agresiva dañen su día y afecten su autoestima.

El Maestro perdió sangre, pero no perdió la dignidad. Los hombres podían amordazarlo, pero él permanecía libre en aquello en que sus enemigos eran esclavos. Nadie lograba alterar las bases de su alma.

La secuencia de los eventos

Van Gogh pasó por muchas necesidades y rechazos. Ese genio de la pintura era rico por dentro, pero emocionalmente hipersensible. El impacto de las pérdidas y las ofensas producían grandes perturbaciones en sus emociones, generando crisis depresivas. Al final, el gran pintor perdió el colorido de las emociones.

Machado de Assis fue un escritor brasileño brillante. Creó bellos personajes en complejas tramas existenciales. Pero experimentó el caos emocional con la muerte de su amada esposa. Con eso, perdió el suelo de la propia seguridad, y eso lo hizo hundirse en la soledad y le arrebató el ánimo de vivir. ¿Quién está libre de sufrir esos trastornos?

Cierta vez dicté una conferencia para cerca de ochenta profesores de una universidad. Casi todos eran doctores. Les hablé de los vínculos de las emociones con el pensamiento, y de los complejos papeles de la memoria. Esos profesores se dieron cuenta de que los títulos académicos no eran suficientes para habilitarlos a navegar con serenidad en las aguas de la propia emoción, a superar los focos de tensión, a solucionar los conflictos en el salón de clases y a cautivar a sus alumnos. También comprendieron que, a pesar de ser ilustres profesores, conocían poco acerca del funcionamiento de la mente y de las herramientas que, sin saber, utilizaban en la educación: las ventanas de la memoria, el mundo de las ideas, las áreas de tensión de las emociones.

Nadie vive en un jardín que no tenga espinas. ¿Cómo evaluar si una persona es feliz y bien equilibrada? Por su habilidad y capacidad de soportar y trascender los sufrimientos. No se les puede evaluar cuando están siendo elogiadas por la multitud, sino cuando están ocultas, sufriendo pérdidas y fracasos. Un gigante no es la persona feliz sino aquella que es capaz de transformar en fortaleza su propia fragilidad, de usar sus problemas como desafíos y de ampliar los límites de los pensamientos cuando el mundo parece desmoronarse.

Diversas facultades de medicina, psicología y pedagogía han adoptado la colección *Análisis de la Inteligencia de Cristo*. Lo interesante es que algunos bancos también la adoptaron como lectura para sus directores.

¿Por qué ejecutivos financieros están leyendo libros acerca de la inteligencia del Maestro de maestros? Porque las conferencias de motivación raramente resisten el estrés del lunes. Además de eso, los métodos administrativos, la gestión de personas y la superación de riesgos encuentran dificultades en la mente de los líderes empresariales.

Aunque inconscientemente, esos ejecutivos desean conocer algo que tenga raíces, que sea capaz de transformar su forma de ser y de pensar. De ahí su interés por conocer y comprender al hombre más fascinante que haya pisado la tierra: Jesucristo. Cómo trataba con las personas más cercanas, cómo abría las ventanas de su mente en los momentos de estrés, cómo superaba situaciones de altísimo riesgo y la manera en que desarrollaba las funciones más importantes de la inteligencia.

Jesús siempre superó los obstáculos de su vida y solo murió porque se quiso entregar. El Maestro de la vida, independientemente de la cuestión espiritual, fue la persona que más supo del arte de preparar líderes. El mismo hecho de haber sido abandonado por sus discípulos se tornó en un entrenamiento para ellos. Jesús les había prevenido que eso sucedería. Su alerta preparó a los discípulos para que reconocieran sus límites, los superaran y nunca desistieran de sus metas. Él pulía la personalidad de las personas difíciles. Las entrenaba con sus ricas palabras y con sus laboratorios de vida para que lideraran a su propio mundo.

¿Sabe usted invertir en personas y explorar el potencial de ellas? ¿Es usted comprensivo con sus hijos, alumnos o funcionarios cuando se equivocan y lo perturban? Nuestra dignidad se hace manifiesta no cuando vivimos situaciones calmadas, sino en los momentos estresantes y arriesgados. La habilidad de gobernar y entrenar personas complicadas en situaciones complicadas es un indicador de grandeza.

5 | Los preparativos para la crucifixión

Rechazó una bebida narcótica para aliviar su dolor

Jesús llegó al Gólgota a las nueve de la mañana (Marcos 15.25). Gólgota significa «Lugar de la Calavera», por eso recibe también el nombre de Calvario. La multitud estaba horrorizada y el reo, exhausto y profundamente fatigado.

Los gobernantes romanos castigaban con la muerte en la cruz a sus peores enemigos. El Calvario era un sitio triste y fatídico que quedaba fuera de Jerusalén. Era cualquier cosa menos un sitio de atracción para turistas. Sin embargo, el hombre Jesús arrastró hasta allí a una multitud.

Los romanos aprendieron de los griegos el arte de la crucifixión. Y los griegos, de los fenicios. La crucifixión era un castigo cruel. El criminal quedaba en la cruz durante largas horas, en algunos casos por dos o tres días, hasta morir de hemorragia, deshidratación, insolación o falla cardiaca.

El Imperio Romano usaba la práctica de la crucifixión como instrumento de dominio. Los gemidos de una persona crucificada repercutían por meses en las almas de los que los oían, generando desesperación y miedo. El miedo los controlaba y los hacía someterse a la autoridad política.

Al llegar al Calvario, los soldados romanos ofrecían al condenado una bebida anestésica consistente de vinagre mezclado con hiel (Mateo 27.34). Tal bebida era un gesto mínimo de misericordia para con los crucificados. Aliviaba un poco el dolor producido por el trauma de los clavos que lesionaban los músculos, los nervios, fracturaban huesos y rompían los vasos sanguíneos.

Cuando el riesgo de muerte es intenso, las áreas de lectura de la memoria se cierran, y el hombre animal prevalece sobre el hombre intelectual. Nadie conserva la sobriedad cuando está herido, menos aún cuando es crucificado. Las reacciones instintivas dominaban a los condenados a la cruz. Se contorsionaban de dolor luchando desesperadamente para encontrar una posición que les permitiera esquivar la agonía de la muerte.

Los primeros golpes de los clavos en los puños y los pies producían un dolor insoportable. El estallido de los martillos mezclado con los gritos desesperados llenaban el lugar. Algunos se desmayaban, otros se trastornaban , otros aun sufrían infartos causados por el estrés postraumático.

Debido a la intensidad del dolor, nadie rehusaba la bebida anestésica. Pero Jesús, para sorpresa de los soldados, no la quiso beber. Rechazó el acto de misericordia de los romanos. ¿Por qué? Tal vez porque no quería olvidarse que estaba allí como el redentor de la humanidad. O porque no quería perder la conciencia en cuanto a la intensidad de su martirio. Quería vivir hasta el fin las más intensas aflicciones humanas.

Jesús conservó la lucidez antes y durante el martirio. Hasta el último palpitar del corazón, el Maestro de la vida estaba plenamente consciente del mundo a su alrededor.

Las posibles reacciones psicosomáticas

No estamos programados para morir. Aunque tengamos mecanismos que nos conduzcan al envejecimiento, el organismo no acepta el fin de la vida, incluso cuando alguien intenta renunciar a ella. Todas nuestras células poseen una memoria genética que clama por el seguimiento de la existencia.

¡La memoria genética nos hace huir de aquello que pretenda acercarnos al fin! Todos tenemos reacciones psicosomáticas ante determinados estímulos agresivos que representen riesgos. El cuerpo humano libera más insulina y desencadena una serie de mecanismos metabólicos para que las células alcancen un rendimiento energético mayor, propiciando condiciones para luchar o huir de la situación de estrés o que amenace la vida.

Así, ante la posibilidad de la muerte, surge una corriente de síntomas psicosomáticos. El cerebro envía mensajes urgentes al sistema circulatorio. El corazón deja su tranquilidad rítmica, acelera su velocidad, genera taquicardia y aumenta la presión sanguínea. El objetivo es bombear más nutrientes para los músculos.

A Jesús lo acostaron en el piso teniendo como lecho la cruz. Independientemente de su naturaleza divina, él era un hombre con un cuerpo frágil como cualquiera de nosotros. Al ser obligado a permanecer en esa posición sobre aquella viga de madera, su cuerpo desarrolló diversos recursos psicosomáticos.

Horas antes, en el Getsemaní, «era su sudor como grandes gotas de sangre que caían hasta la tierra» (Lucas 22.44). Aquello era un síntoma raro que ocurre en el ápice del estrés. Es posible que como resultado de una taquicardia haya aumentado la presión sanguínea provocando rotura en los pequeños vasos de la piel. Eran reacciones a la conciencia del martirio que lo aguardaba. Jesús sabía que tendría que soportar una muerte indigna con la mayor dignidad.

Ahora, en la cruz, insiste en estar plenamente consciente. El sufrimiento era intenso y aumentaba gradualmente pero no se desanimaba. Como hacían con todos los condenados, los soldados estaban prestos para controlarlo, pero no fue necesario. El Maestro no ofreció resistencia. Los hombres podrían quitarle todo, hasta la ropa, pero no le quitarían la conciencia. Quería estar libre para pensar, incluso mientras su cuerpo moría.

No debemos exigir un raciocinio lúcido de alguien que está sufriendo. Comprensión, amparo y tolerancia debe ser nuestra actitud hacia los que sufren. Pero no debemos huir de nuestras pérdidas, ni negar nuestros dolores. Si los enfrentamos y reflexionamos sobre ellos, encontraremos alivio y más fácilmente los superaremos. Sin embargo, todos tenemos límites. No debemos exigir ni de nosotros ni de los demás que soportemos una carga más allá de nuestras posibilidades.

Hay que tener sensibilidad y compasión para comprender que cada persona reacciona de forma diferente ante el sufrimiento. No obstante, también debemos tener conciencia de que la peor reacción es reaccionar sin pensar. No soluciona el problema y, muchas veces, causa mayores daños. Pero eso sucede con frecuencia porque, bajo el estímulo del dolor, se cierra el mundo de las ideas y se abre el mundo de los instintos.

La próxima vez que usted vea a alguien teniendo reacciones intensas, en lugar de juzgarlo, pregúntele qué le está ocurriendo. No ahorre tiempo en hablar con ella. Al hacerlo, usted le estará demostrando comprensión. Y si la comprende, estará mostrándole solidaridad; y si es solidario, será menos crítico. Usted se sentirá mejor y los demás tendrán más placer en estar en su presencia. La persona tolerante, además de ser mucho más agradable que una criticona e intolerante, transforma y educa.

Animó a los drogadictos a ser libres

La actitud decidida del hombre Jesús, al rechazar la droga anestésica para aliviar el dolor, trae un mensaje de esperanza para los drogadictos de todo el mundo.

La dependencia química es uno de los problemas de salud pública más graves de la actualidad. Los medios de que dispone la medicina y la psicología para el tratamiento de la farmacodependencia, son menos eficaces que aquellos para tratar otras enfermedades. Solo hay éxito cuando el paciente desea ardientemente cambiar su historia, reeditar la película del inconsciente.

A pesar de que el ser humano ama profundamente la libertad, miles de usuarios de drogas se encierran en la peor cárcel del mundo. El efecto narcótico de la droga, sea ella estimulante como la cocaína o fuertemente tranquilizante como la heroína, crea áreas de tensión en los territorios inconscientes de la memoria. Producen así la peor cárcel ya inventada: la cárcel de las emociones.

Estar preso tras barrotes de hierro es angustiante, pero estar preso por ataduras en el territorio de la memoria es trágico. Con el tiempo, hasta los más inteligentes y cultos consumidores de drogas disminuyen su capacidad de gobernar los pensamientos cuando están angustiados.

En los momentos de ansiedad, los estímulos estresantes cotidianos detonan el gatillo de la memoria, que abre la ventana donde existe la representación de la droga. A partir de ahí, se produce un deseo compulsivo de usar una nueva dosis para calmar la angustia generada por ese proceso.

Muchos profesionales de la salud mental no saben que después que se instala la farmacodependencia, el problema no es más la droga sino su imagen inconsciente. Si un usuario no soluciona el problema dentro de sí, un día podrá recaer pues aún tiene vínculos en su memoria.

Es importante no desistir aunque ocurran recaídas. Nadie urbaniza las «barriadas» de la memoria en un dos por tres. No importa el tiempo que demore, lo importante es llegar a ser libre. Esa determinación vale para cualquier tipo de trastorno psíquico. Llorar, sí; desistir de la vida, nunca.

El más amable e inteligente de los hombres, Jesucristo, rechazó el uso de drogas para encontrar alivio. No quiso ser anestesiado. Su actitud debería ser un gran aliento para los dependientes de drogas. Él deseó ser libre y consciente, no importándole el precio que tuviera que pagar.

Claro está que una persona con un cáncer avanzado, por ejemplo, necesita anestesia para aliviar los dolores. De la misma forma, alguien con trastorno depresivo o ansioso importante, necesita de antidepresivos y tranquilizantes. No obstante, el uso de drogas narcóticas sin necesidad médica conspira contra la libertad de pensar y sentir. Nunca atente contra su conciencia, pues quien lo hace contrae una deuda consigo mismo que jamás podrá pagar.

Si hubiésemos sido uno de los amigos de Jesús que permanecía a los pies de su cruz, le habríamos implorado que aceptara aquella bebida. Tal vez algunos de los que lo amaban le hayan rogado a gritos: «¡Maestro!

Piense un poco en usted. Téngase piedad. ¡Beba la copa de misericordia de los romanos!»

Él no oyó a nadie, ni al lenguaje de sus síntomas psicosomáticos. ¿Qué amor es ese que ni por dinero, fama o cualquier otro motivo vende su libertad?

¿Hasta qué punto ama usted su libertad de conciencia y está dispuesto a luchar por ella? Muchos ejecutivos son adictos a otro tipo de droga, adictos al trabajo. No consiguen hacer cosas fuera de su agenda de negocios. No invierten en lo que les trae placer y tranquilidad.

Son ideales para los negocios, gastan el máximo de energía para preservar la propia salud financiera, pero no invierten en la salud emocional. Viven para trabajar, en vez de trabajar para vivir. ¿Qué clase de libertad es esa? Combata todo lo que conspire contra su conciencia y su calidad de vida. Nadie puede hacer eso por usted.

Crucificado desnudo

No bastando toda vejación que sufrió en sus juicios, Jesús fue despreciado, crucificado y expuesto como un espectáculo de vergüenza y dolor. En la cruz, quedó desnudo. La multitud miraba aterrada, viendo el cuerpo ensangrentado y mutilado del Maestro.

Jesús había cuidado delicadamente de todas las personas. Jamás pidió cuentas de los errores ni expuso las fallas y la debilidad de los demás. No le interesó saber con cuántos hombres las meretrices que lo seguían se habían acostado. Pero ahora, que estaba desnudo a la vista de todos, nadie cubrió su cuerpo. Él, que siempre protegió a todos los que encontraba, no tuvo siquiera el derecho de morir con sus ropas.

El Maestro de la vida vivió el máximo de la vergüenza social. De su boca salían gemidos pero nadie escuchó gritos ni lamentaciones.

Tenemos mucha facilidad para reclamar pero poca capacidad para agradecer. Jesús tenía gran facilidad para agradecer, pero de su boca no salió ninguna queja. Cuanto más reclama una persona, más condiciones crea para ser infeliz encerrándose en su propia trampa.

La calidad de rey como afrenta

Juan fue el único biógrafo que describió con detalles el nombre que Pilatos mandó que se pusiera sobre la cruz de Jesús.

Para vengarse de los líderes judíos que lo habían presionado a condenar a Jesús contra su propia conciencia, Pilatos mandó poner sobre la cruz la inscripción: «JESÚS NAZARENO, REY DE LOS JUDÍOS» (Juan 19.19, 20). Esas palabras fueron escritas en griego, el idioma universal; en latín, el idioma romano; y en hebreo, el idioma de los judíos.

La palabra «nazareno», asociada con el nombre Jesús, era una expresión de desprecio, pues Nazaret era una humilde ciudad de Galilea, un origen inaceptable para un rey de Israel. Despreciando el dolor de Jesús, Pilatos usó la cruz para escarnecer a los judíos.

Los líderes rogaron al gobernador romano que no escribiera «rey de los judíos» argumentando que él había dicho: «Yo soy el rey de los judíos». Pero Pilatos, defendiendo su pobre y débil autoridad, respondió: «Lo que he escrito, he escrito» (Juan 19.21, 22).

Tal vez Jesús haya sido el único hombre crucificado por Roma que recibió tal título escrito en tres idiomas. Un título lleno de ironía, proveniente de un falso juicio. Pero la palabra «rey» apuntada en aquella cartelera tenía un fondo de verdad. El Maestro del amor no quería el trono político sino el corazón de todos los seres. No quería ser temido como Pilatos y el César, sino amado. Quería ser rey en el espíritu y en los áridos suelos del alma humana.

El Maestro de la vida fue, ante todo, rey de sí mismo, líder de su propio mundo. Reinó en un ambiente donde todos nosotros, intelectuales o indoctos, psiquiatras y pacientes, somos pequeños y frágiles súbditos. Reinó sobre el miedo, la inseguridad, el individualismo, el odio. Reinó sobre la desesperación y la ansiedad. Por eso, como veremos, en un momento cuando su alma necesitaba ser confortada, confortó las emociones de muchos.

¿Reina usted sobre su mundo, o es un mero siervo de sus ideas negativas, de su ansiedad y de su mal humor? Si usted no aprende a gobernar sus emociones, podrá ser libre por fuera pero prisionero por dentro. Nunca deje que sus angustias, fracasos, fallas y ansiedades lo dominen. Jamás se olvide de que el mayor gobernante no es aquel que dirige un país, un estado o una empresa, sino el que dirige, aunque con limitaciones, su mundo psíquico.

Las mujeres a los pies de la cruz

¿Quién estaba más cerca de Jesús en los momentos finales de su vida: sus amigos o las mujeres? Las mujeres. A los pies de la cruz estaban María, su madre; María Magdalena; María, hermana de Lázaro, y varias otras que lo habían seguido. Amedrentados, la mayoría de los discípulos huyeron. Las mujeres, sin embargo, después que el Maestro hubo salido del pretorio romano, estuvieron presentes a cada paso de su martirio.

Hablaremos más adelante de María, su madre. Quiero aquí mencionar a María Magdalena. Ella era probablemente una meretriz que se libró de ser apedreada porque Jesús la defendió (Juan 8.5). Él sufrió el riesgo de que lo mataran por protegerla, pero hizo eso porque para él, María Magdalena era un ser humano único. La acogió sin exigir nada a cambio. En cuanto a ella, su vida adquirió un nuevo sentido cuando llegó a conocerlo. Aprendió a amar a las personas y, principalmente a su Maestro.

Ahora, ella asistía a su muerte. Imaginemos la escena. Magdalena llora. Intenta, sin lograrlo, separarse de la multitud y correr a abrazarlo, pero muchos la detienen. Sabe que Jesús es dócil y que había vivido cuidando de las heridas del alma y del cuerpo de las personas. No admite que aquel que educó sus emociones para ser sensible, estuviese muriendo de forma tan insensible.

La angustia de Magdalena hace coro con el llanto de las otras mujeres. Parece una pesadilla que el poeta del amor estuviera en la mira del odio y de la arrogancia. Parece un delirio que alguien tan fuerte e inteligente muriera como el más vil criminal.

Jesús había enseñado sobre la trascendencia de la muerte, pero en aquel momento las personas lo querían vivo. Separarse de él era apagar la centella de esperanza que su tan breve existencia había encendido. La desesperación de la multitud a su alrededor afectó la estructura emocional de los soldados romanos. Debían preguntarse: «¿Quién es este hombre tan amado?» Nunca un crucificado había partido el corazón de personas de tantos orígenes.

El amor hace más fuertes a las mujeres

¿Son, los trastornos emocionales como la depresión y la ansiedad, más frecuentes en las mujeres? ¿Son los hombres más fuertes emocionalmente y más capaces de protegerse del impacto de los estímulos estresantes?

¡No! Las mujeres presentan más trastornos emocionales no por ser más frágiles, sino porque poseen el campo de energía emocional más dilatado que los hombres. Esa característica viene de la carga genética y también del contexto social.

Como investigador del funcionamiento de la mente, me gustaría corregir una creencia que existe desde hace siglos. La creencia de que las mujeres son más frágiles que los hombres. Las mujeres aman más, son más poéticas, más sensibles, se entregan más y viven más intensamente los dolores de los demás que los hombres. Además de eso, son más éticas, provocan menos trastornos sociales y cometen menos crímenes. Por tener emociones más ricas, las mujeres son menos protegidas emocionalmente y por eso, están más expuestas a las enfermedades emocionales.

Paradójicamente, las mujeres son, por lo tanto, más frágiles y al mismo tiempo, más fuertes que los hombres. Ellas se enferman más en el territorio de las emociones porque navegan más lejos. Por eso, no busque entender las reacciones de las mujeres. Muchos de sus comportamientos son incomprensibles, sobrepasan los límites de la lógica. De entre los que seguían a Jesús, ¿quién fue más fuerte, los discípulos o las mujeres? ¡Sin duda que las mujeres!

Ellas estaban a algunos metros de la cruz de Cristo, escuchando cada uno de sus gemidos y viendo cada gota de sangre vertida de sus manos y de sus pies. Solamente el joven Juan estaba allí. Los otros discípulos se habían retirado a sus casas, sofocados por el miedo, por la ansiedad y por el sentimiento de culpa.

Al describir la crucifixión de Cristo, Juan no se refiere a sí mismo con su propio nombre sino como «al discípulo a quien él amaba» (Juan 19.26). Al relatar la crucifixión, él y los demás autores de los evangelios rinden un homenaje a las mujeres, citándolas por sus nombres: María, madre de Jesús; María Magdalena; María, esposa de Cleofas y Salomé.

¿Por qué se las reconoce de esa manera? Porque aprendieron más rápida e intensamente que los discípulos el bello arte de amar. El amor las hace fuertes. El amor las vuelve osadas, aun delante del caos de la muerte. ¿Quién cuida más a los padres cuando están ancianos y debilitados: las hijas o los hijos? Normalmente son las hijas. Ellas se entregan más, porque aman más.

Un hombre, Jesús, poseyó emociones más fuertes y ricas que las de las mujeres. Nunca se vio a alguien con emociones tan sólidas y amables como las suyas. Jesús fue, por excelencia, el Maestro de las emociones.

Contemplar la muerte de Jesús fue un tremendo desafío. La escena era horrible. Solo personas fuertes podrían estar a los pies de su cruz. Solo el amor sólido era capaz de vencer el miedo. Si su amor no es sólido, usted tendrá dificultades para enfrentar determinados obstáculos y para extender la mano a otros.

Hay una historia verídica ocurrida en África. Se cuenta de una madre que se enfrentó a un león para salvar a su hijo. El amor de aquella mujer la hizo más fuerte que la furia del animal. El amor hace que el ser humano sea capaz de superar sus límites. Cuando el amor es grande, no hay obstáculos insuperables.

Mientras Jesús parecía ser, para sus discípulos, el más fuerte de los hombres, ellos discutían sobre quién se sentaría a la derecha y a la izquierda de su trono. Pero cuando él asumió plenamente la condición humana y dejó de hacer milagros, los discípulos huyeron.

Es fácil seguir a un hombre poderoso, pero, ¿quién se dispone a seguir a un hombre frágil y debilitado? Las mujeres estuvieron dispuestas a hacerlo. Ellas pasaron la prueba del amor. Los hombres fueron reprobados. Tenemos que aprender de las mujeres el arte de la sensibilidad. Felizmente, tengo cuatro mujeres en mi vida, mi esposa y tres hijas. Ellas están siempre cuidándome, corrigiendo mi forma de vestir, de administrar el tiempo, dándome cariño y enseñándome a amar.

Nosotros somos rápidos para exigir y lentos para comprender. Jesús no condenó a sus discípulos por haberlo abandonado, ni exigió nada de ellos, solo los comprendió. Ellos desistieron de su Maestro, pero el Maestro no desistió de ninguno de ellos. ¿Qué maestro es ese que enseña a las mujeres a refinar el arte de amar, y que da todas las oportunidades para que los hombres eduquen sus emociones?

Las mujeres pasaron la prueba del amor. Jesús era más importante que todo el oro del mundo, más importante que todo el miedo que pudieran sentir. En las turbulencias revelamos quiénes somos.

La próxima vez que usted atraviese una crisis financiera, social o emocional, no se olvide que está siendo probado. No reclame, no huya, aprenda a navegar en las aguas de las emociones. Aprenda a amar a las personas maravillosas que están a su lado. Ellas valen más que todo el dinero del mundo.

El SPA: la enfermedad colectiva

Los miembros del Sanedrín y de la política romana se sintieron muy incómodos con el comportamiento de Jesús. Un hombre torturado y próximo a ser crucificado debería haber estado desesperado y agresivo. Pero, sensibilidad y coraje era lo que había en su alma.

La actitud estable del Maestro aterraba a sus enemigos. Ellos lo golpeaban, pero él los perdonaba; lo odiaban, pero él los amaba. Eran intransigentes, pero él se mantenía sereno. El mundo estaba agitado a su alrededor, pero él, aunque se sintió ansioso por algunos momentos, pronto recobró la compostura. Virtudes tan bellas nunca fueron representadas de forma tan admirable en el escenario de la mente humana.

He realizado investigaciones acerca de los niveles de estrés, ansiedad y síntomas psicosomáticos en las diferentes profesiones. La calidad de vida de los seres humanos está debilitada. Las personas han sido víctimas del SPA,* el síndrome del pensamiento acelerado. Esto no es propiamente una enfermedad psiquiátrica, aunque pueda provocarla. Es un estilo de vida enfermizo.

La vida ya tiene sus complicaciones, y nuestra mente agitada, que no se desconecta de los problemas, la complica más aún. Cuando descubrí ese síndrome, me di cuenta de que es epidémico. Afecta, en diferentes niveles, a la gran mayoría de las personas de las sociedades modernas. Sus características son pensamiento acelerado, cansancio físico exagerado e inexplicable, irritación, déficit de concentración, déficit de memoria, insatisfacción, humor fluctuante, etc.

Quien padece de SPA no deja de pensar en los problemas que aún no acontecieron. Tiene más placer en los desafíos que en las conquistas. Sus emociones nunca descansan. No soporta la rutina, pues no sabe extraer placer de las cosas sencillas de la vida. Este síndrome ocurre frecuentemente en personas muy responsables que no saben desacelerar sus pensamientos. Viven para pensar, en lugar de pensar para vivir.

Muchos compañeros científicos percibieron que el mundo está más violento, no solo porque hemos tenido fallas en la educación en las escuelas y en la familia, sino también, y principalmente, porque el ritmo de construcción de los pensamientos se aceleró desde hace un siglo hasta hoy.

---

* Cury, Augusto J., *Você é insubstituível* [Usted es irremplazable] (Rio de Janeiro: Sextante, 2002).

En el pasado, las personas pensaban a un ritmo más lento, excitaban menos las emociones, tenían el humor más estable, eran menos ansiosas, agresivas e intolerantes a las contrariedades. Hoy no desconectamos nuestras mentes. Apagamos el carro, la computadora y la televisión, pero no sabemos apagar nuestra mente. Algunos sueñan demasiado, otros tienen insomnio.

Pensar es un proceso inevitable para el *homo sapiens*. Nadie logra dejar de pensar. Solo somos capaces de desacelerar y controlar los pensamientos pero pensar en exceso es un problema. Si usted piensa demasiado, seguramente gasta demasiada energía de su cerebro y, consecuentemente, siente una fatiga excesiva. Si su médico atribuyera su cansancio a la anemia o al estrés, le prescribirá vitaminas. Si usted se alimenta correctamente, no tiene necesidad de vitaminas, y ellas no lo ayudarán, pues su problema está en su estilo de vida, en el síndrome del pensamiento acelerado.

¿Cuáles son las causas? Una de ellas es la inmensa cantidad de información que cada diez años se duplica en el mundo. Otras causas están vinculadas al exceso de preocupaciones, problemas existenciales, actividades sociales y profesionales. Los niños están con exceso de actividades, por eso no tienen tiempo para jugar.

Un niño de siete años ya recibió más información que una persona de setenta años con una cultura mediana. Una memoria totalmente llena de información, frecuentemente poco útil, produce una hiperaceleración de pensamientos y, consecuentemente, el síndrome SPA. Por esa razón, los niños son inquietos y agitados en el salón de clases. Por eso también es difícil entrar en el mundo de ellos y ejercer alguna influencia. Piensan que entienden de todo a pesar de la poquísima experiencia de vida que tienen. Confunden información con experiencia. Ahora podemos entender por qué las teorías educacionales y los manuales de comportamiento dejaron de funcionar.

En la época de Cristo, sobrevivir era un arte. Había hambre, miseria, ideas preconcebidas y presiones políticas. Sin embargo, las mentes eran menos agitadas, había más solidaridad, diálogo, afectividad entre las personas. Hoy, el mundo se ha vuelto enfermizo.

La paranoia de la estética, la preocupación excesiva con cada gramo y cada curva del cuerpo ha destruido la autoimagen de millones de personas, principalmente adolescentes y mujeres.

La paranoia de ser el número «uno» lleva a una competición predatoria que ha consumido los mejores años de vida de funcionarios y ejecutivos. La obsesión consumista hace que innumerables personas vivan en función de necesidades no prioritarias. Todas esas situaciones invaden la mente humana y estimulan excesivamente los fenómenos que leen la memoria y construyen pensamientos,* generando el SPA.

Los medios de comunicación tan importantes para la democracia y la libertad de expresión, terminan generando un efecto colateral dañino. En la época del Maestro de la vida, raramente se llegaban a conocer las malas noticias que sucedían en un radio mayor de veinte o treinta kilómetros.

Actualmente, las miserias de los varios continentes nos llegan en unos cuantos segundos. Los ataques terroristas, las masacres en el Oriente, los conflictos entre judíos y palestinos penetran no solo en nuestras casas, sino también en nuestras memorias.

El mundo está demasiado serio. Hace mucho que la sonrisa dejó de ser noticia siendo reemplazada por las miserias humanas. Por eso, en

---

* Cury, Augusto J., *Análisis de la Inteligencia de Cristo - El Maestro de las emociones* (Nashville: Grupo Nelson, 2008).

este libro no doy énfasis al dolor del Maestro de la vida, sino a su capacidad de enfrentarlo, a su magnífica capacidad de brillar en el caos, a su motivación para amar a las personas y vivir plenamente cada minuto, hasta el último suspiro de vida.

¿Logra ver usted más allá de los horizontes de sus problemas al punto de proclamar a todo pulmón que vale la pena vivir?

Debemos desconectar un poco la televisión, cerrar más a menudo los periódicos y volver a las cosas sencillas: caminar descalzos en la arena, cuidar de las plantas, criar animales, hacer nuevos amigos, charlar con los vecinos, saludar a las personas con una sonrisa, leer buenos libros, meditar sobre la vida, expandir la espiritualidad, escribir poesías, jugar en la alfombra con los niños, coquetear con nuestra esposa o nuestro marido, reírnos de nuestra seriedad, hacer del ambiente de trabajo un oasis de placer y de realizaciones.

Aparezca algunas veces vestido de payaso para sus hijos o para niños internados en un hospital. Échese una ducha helada en el SPA. Calme su mente, cambie su estilo de vida. Revise su agenda.

¿Les gusta a las personas convivir con usted? Aunque no tenga dinero, si usted es una persona agradable, será una persona rica. Si es desagradable, aunque sea millonario, será apenas soportable.

Aprenda del Maestro de la vida a tener una vida social y emocional rica. Jesús era sociable, tenía un sinnúmero de amigos, le gustaba participar en fiestas, iba a cenar en casa de personas que no conocía (Lucas 19.5), tenía tiempo para mirar las flores del campo, caminaba en la arena, abrazaba a los niños, era un excelente narrador de historias, un excelente observador de la naturaleza, hablaba de los misterios de la existencia, disfrutaba de las pequeñas alegrías de lo cotidiano, hacía mucho de lo poco, exudaba felicidad, emanaba tranquilidad, hacía poesía de su miseria. Jesucristo era tan agradable que las personas disputaban para permanecer a su lado.

Una niñez saludable no garantiza una personalidad saludable

Usted no necesita haber tenido una niñez enfermiza para volverse un adulto enfermo como creían algunos pensadores de la psicología. Basta ser víctima de sus pensamientos negativos y no controlar sus emociones. Los estímulos estresantes del mundo moderno son suficientes para provocar trastornos psíquicos.

¿Cómo está su estilo de vida?, ¿Es usted capaz de apaciguar las aguas de la emoción con serenidad? Cuando niño, tal vez usted fue un apasionado por la vida y vivió sonriendo sin grandes motivos. Pero, ¿y hoy día? El tiempo pasó y hoy tal vez ya no sonríe con tanta frecuencia, o necesita de grandes estímulos para animarse.

Una de las cosas que más preocupaban a Jesús era la salud psíquica de sus discípulos. Él deseaba producir hombres libres y no dominados por ideas preconcebidas o pensamientos negativos. Al invitarlos a beber de un agua viva que emanaba de su interior, deseaba que ellos fueran felices desde adentro hacia afuera. Al exhortarlos a no ser ansiosos, los estimulaba a dominar la agitación emocional y los pensamientos anticipatorios.

Es posible que usted esté tan preocupado que no encuentre tiempo para hablar con la persona más importante de su vida: usted mismo. Hasta es probable que cuide de los demás, olvidándose de sus propias necesidades. Si fuese así, estaría viviendo la peor soledad del mundo, la de haberse abandonado. Quizás sea un experto en organizar su oficina y su casa, pero no sabe cómo extirpar los focos de tensión en su memoria.

¿Es posible que, por causa del SPA, usted haya envejecido en el único lugar donde no es permitido envejecer, su espíritu y sus emociones? Si tal es su caso, necesita romper la cárcel de las emociones. Con mucha frecuencia, el destino es una cuestión de opción. Opte por ser libre. El Maestro de la vida afirmó de varias formas que la felicidad es una cuestión de transformación interior, de entrenar las emociones, y no un don genético. No se olvide: muchos quieren el trofeo, pero desprecian el esfuerzo del entrenamiento.

Los parámetros de normalidad en psiquiatría

Jesús no vivía el SPA. No sufría con anticipación. Sabía cuándo y dónde iba a morir, pero gobernaba sus pensamientos con increíble habilidad. Hizo de su capacidad de pensar un arte. Tenía plena conciencia de que si no cuidaba la calidad y cantidad de sus pensamientos, no sobreviviría, sucumbiendo por la ansiedad, pues muchos conspiraban contra él.

Era tan consciente de la necesidad que hay de liderar nuestros pensamientos que inauguró la psicología preventiva casi dos mil años antes que la psicología moderna existiera. Deseaba que sus discípulos calmaran sus pensamientos y no vivieran en función de los problemas que aún no habían ocurrido.

¿Qué determina lo que sentimos? Aquello que pensamos. Son los pensamientos los que determinan la calidad de nuestras emociones. Si usted es una persona que produce frecuentemente pensamientos estresantes o negativos, no espere tener emociones alegres y seguras. Si no consigue disminuir la velocidad de construcción de los pensamientos, no espere tener una emoción tranquila.

Repito: lo que usted piense determinará lo que sienta; lo que usted sienta determinará la calidad de lo que registre en su memoria y lo que registre en su memoria determinará las bases de su personalidad.

En psiquiatría, los límites entre el individuo normal y el patológico (enfermo) son muy tenues. ¿Qué es una persona psíquicamente normal? ¿O enferma? En la antigüedad, muchos fueron injustamente tratados como locos, solo porque no marchaban al ritmo de los patrones establecidos para el comportamiento social. Debemos respetar la cultura, la religión, las características de la personalidad y hasta las manías de los demás. Si usted no es capaz de respetar a las personas a su alrededor porque son diferentes, entonces no será capaz de respetarse a sí mismo, porque no se perdonará cuando falle y se dé cuenta que no es perfecto.

¿Cuáles son los parámetros seguros de lo que es normal y anormal en la mente humana? ¿Será posible establecer parámetros universales para definir la salud psíquica? ¿Parámetros independientes de las reglas culturales? Sí, aunque con límites. Esos parámetros derivan de las características más nobles de la inteligencia y sostienen la preservación de la vida y la paz intra y extra psíquica: la tolerancia, la solidaridad, la amabilidad, la inclusión, la flexibilidad, la sensibilidad, la tranquilidad en las dificultades, la seguridad en los objetivos, el respeto por las diferencias culturales, la capacidad de ponerse en el lugar de otro y percibir sus dolores y necesidades, la capacidad de superación de las pérdidas y frustraciones.

Si aceptamos tales parámetros como señales de sanidad psíquica, entonces confirmaremos que el Maestro de la vida alcanzó el ápice de la salud mental y emocional. Y que vivió a plenitud todas esas características.

Es probable que Jesús haya sido el único que tuvo la capacidad de llamar amigo a un traidor, Judas, y darle una oportunidad para que reformulara su biografía. El único capaz de abrir todas las ventanas de su mente cuando solo era posible reaccionar por instinto animal. Él decía palabras inefables, a pesar de que su boca estaba hinchada y sangrando.

6| La primera hora: cuidó a su Padre y perdonó a hombres imperdonables

Un hombre que hizo poesía en el auge del dolor

El poeta brasileño Ferreira Gullar dijo que el dolor físico es paralizante y que inhibe la inspiración. Tiene razón. No es posible producir ideas brillantes cuando el cuerpo está sometido al dolor físico, pues los instintos prevalecen sobre la capacidad de pensar.

El dolor emocional puede ser creativo cuando la tristeza y la ansiedad no son intensas. En ese caso, la creatividad se expresa en un texto filosófico, en una poesía, en una obra de arte, tornándose en un intento intelectual de superación. La mente crea para superar el dolor y oxigenar las emociones. Quien no cree en el dolor, reprime sus emociones.

Cuando el dolor emocional o la ansiedad son intensos, se cierra el territorio de lectura de la memoria y se aborta la capacidad de pensar. Por eso, raramente alguien escribe libros o produce cualquier otra expresión artística si está bajo una crisis depresiva profunda. Varios filósofos y pensadores de las ciencias brillaron en el mundo de las ideas cuando estaban angustiados, pero paralizaron la inteligencia durante sus estados de depresión.

Un poeta puede ser creativo cuando su dolor emocional es mediano, pero queda estéril cuando el dolor es físico. No espere un razonamiento profundo de alguien que está con las raíces nerviosas alteradas.

Analicemos el inicio de la crucifixión de Jesús. ¿Será que aun esta vez él podrá sorprendernos? ¿Se puede esperar de él algo más que desesperación, que gritos de dolor? Desde el punto de vista psicológico, es humanamente imposible producir pensamientos altruistas colgado en una cruz. Con todo, este hombre vuelve a sacudir las bases de la psicología. Crucificado, fue poético, afectivo, profundo y solidario. En el ápice del dolor físico y emocional, el Maestro de la vida produjo el más bello poema de solidaridad.

He tratado a diversos pacientes del más alto nivel cultural, he dado entrenamiento a psicólogos y he dictado conferencias a miles de educadores, ejecutivos, médicos y otros profesionales, pero nunca observé a alguien con características de personalidad siquiera aproximadas a las del Maestro de maestros. Hay un mundo bello y complejo que late dentro de cada persona, pero el alma del Maestro de Nazaret no era simplemente bella sino inexplicablemente encantadora.

Si los seres humanos pudieran contagiarse con la grandeza de su humanidad, habría más felicidad y menos tristeza en nuestro bello planeta. Desaparecerían las disputas sangrientas por algunas hectáreas de tierra y los conflictos entre las religiones. El perfume de la solidaridad circularía entre los pueblos.

El Maestro de la vida no pertenece a un grupo de personas o a una religión, sino a la totalidad de los seres humanos. Aunque muchos cristianos piensen que Jesús solo vino para ellos, el Maestro vino para todos los pueblos. Todos son dignos de conocer y amar al poeta del amor. El apóstol Pablo criticó la actitud sectaria de algunos que afirmaban tener el monopolio de Cristo y excluían a los demás (1 Corintios 1.12).

Él vino para los judíos, para los budistas, para los hindúes, para las tribus africanas, para los ateos. Mahoma exalta a Jesús en el Corán. También vino para los árabes. En su plan trascendental no hay distinción de color, raza, religión o cultura.

Declaró ocho frases y un grito en la cruz.
Las seis horas más importantes de la historia

Durante su vida, Jesús nos dejó perplejos; y, en el momento de la muerte, atónitos. Libre, declaró palabras que no encajaban con la imaginación humana; crucificado, pronunció frases que no existen en el diccionario de los más nobles humanistas.

Cualquier persona que desee comprender más profundamente los fenómenos existenciales y desarrollar las funciones más importantes de la inteligencia en la cual están incluidas la educación de las emociones, el arte de pensar y el arte de exponer y no imponer las ideas, debe dedicarse a comprender los últimos momentos de Jesucristo.

Él fue crucificado a la hora tercera del día (Marcos 15.25). Como el día de los judíos comenzaba a las seis de la mañana, la tercera hora corresponde a las nueve de la mañana. Fueron seis horas de misterios, de las nueve de la mañana a las tres de la tarde. Nunca una mañana fue tan dramática, ni una tarde tan llena de aflicción.

En esas seis horas él pronunció ocho frases y dio un grito final. Estudiaremos cada una de esas frases y sus implicaciones. Cuatro de ellas las dijo en las primeras tres horas, y las otras, cerca del último latido de su corazón.

Es la primera vez en que se describe a un Padre que ama intensamente a su Hijo viéndolo morir lentamente, sin intervenir. El Padre tenía todo el poder del mundo para rescatar a Jesús, pero se mantuvo en silencio. El Hijo, por su parte pidió al Padre que no interviniera. ¿Qué misterio hay detrás de ese impresionante escenario? Vale la pena profundizar en ese análisis, aunque existan muchas limitaciones para hacerlo.

La primera frase: «Padre, perdónalos, porque no saben lo que hacen».

Jesús estaba en el medio, crucificado entre dos criminales. Sin haber cometido injusticia alguna, le asignaron el lugar más destacado.

Los minutos iniciales de un trauma son los más dolorosos. El primer ladrón debió de haber estado desesperado, sudando frío, gritando y rogando: «¡No! ¡No hagan esto conmigo!» «¡Por amor a Dios, suéltenme!» Todas sus células reaccionaban instintivamente, tratando de preservar la vida.

Él pobre luchaba desesperadamente para mantenerse vivo. Los soldados lo golpeaban y trataban de controlarlo. Al no obtener clemencia, sus emociones fueron invadidas por el terror. Odió a los soldados, a la vida y al mundo. Lloraba y vociferaba sin parar. Ya no era un hombre en la cruz sino un animal rabioso. Cuando lo alzaron y fijaron verticalmente, trató de descolgarse. Pero mientras más se movía, más rozaban los clavos las raíces nerviosas de los puños y de los pies, provocando un dolor insoportable. El anestésico romano que había ingerido aliviaba, pero no quitaba el dolor.

Llegó el turno de Jesús. Varios soldados lo agarraron, con la intención de controlarlo, pero no fue necesario. Sufría como cualquier mortal, pero no temía al dolor.

Los soldados no entendían sus reacciones. El corazón de Jesús estaba acelerado, transpiraba mucho y jadeaba. Pero gobernaba su cuerpo como un maestro dirige una orquesta, rescatando el liderazgo del yo y conservando la lucidez segundo tras segundo.

Los soldados afirmaron el clavo en su puño, alzaron el martillo y con unos cuantos golpes certeros lo clavaron en el madero. El Maestro del amor gimió de dolor, pero no odió a sus agresores ni a la vida. Los soldados deben haber quedado aterrados. Aquel hombre sufría sin gritar, no se debatía ni se resistía. Nunca fue tan fácil crucificar a alguien. De esa forma crucificaron al único ser humano que sabía cuándo y cómo iba a morir, y que anticipó que las herramientas con que siempre había trabajado serían los instrumentos de su muerte.

Una frase sin igual

Los gemidos de Jesús eran intensos pero silenciosos. Ninguno de sus biógrafos ha hablado de desesperación. Han dicho que la noche en que lo arrestaron su alma estaba profundamente angustiada, pero nadie ha dicho que en la cruz fuera presa de una ansiedad inmensa e incontrolable.

Parecía que después de haberse dispuesto a beber la copa, también se había preparado para enfrentar el caos. Su respiración era jadeante mientras su cuerpo temblaba por el dolor. Buscando constantemente una posición que le trajera un poco más de alivio trataba de apoyarse en los pies pero no había zona de confort. Cualquiera posición era insoportable.

Durante la primera hora en la cruz resulta imposible pensar, razonar o producir cualquier idea inteligente, y menos aún afectiva. Sin embargo, cuando todos esperaban que en el ápice de su dolor la lucidez se le esfumara, él llenó los pulmones y clamó: «Padre, perdónalos, porque no saben lo que hacen» (Lucas 23.34).

Aunque el Maestro de la vida debía estar confundido por el estrés postraumático, estaba perfectamente consciente. Analicé muchas veces esta frase y concluí que escapa completamente a la lógica intelectual.

Algunas personas son especialistas en conquistar enemigos. Por no ser flexibles y por anhelar que el mundo gravite en torno a sus verdades, están siempre creándose problemas con los demás. Otras son más sociables, pero pierden completamente la gentileza cuando están estresadas o frustradas. A veces se controlan delante de los de afuera, pero son agresivas e intolerantes con sus familiares.

En la historia, el énfasis siempre fue excluir a los enemigos. A los amigos, la tolerancia; a los enemigos, el desprecio y el odio. Sin embargo, hubo un hombre cuyas reacciones estaban completamente al lado opuesto de la historia. Jesucristo veía al ser humano, al igual que a sus enemigos, más allá de la pantalla de sus comportamientos. En el ápice del dolor, él aún lograba comprenderlos, tolerarlos e incluirlos.

¿Quién podría haber imaginado a un personaje como él? Ni la filosofía en sus delirios más utópicos pudo haber alcanzado a idealizar a un hombre como el Maestro de maestros.

Ocho grandes implicaciones de la primera frase de Cristo

Los textos son claros. Durante la primera hora de la crucifixión y en el ápice del dolor, Jesús pronunció una de sus frases más célebres, tal vez la más grande de todas.

Al clamar: «Padre, perdónalos, porque no saben lo que hacen», estaba resumiendo, en pocas palabras, su gran misión, su proyecto trascendental y las entrañas de su ser. Ese pensamiento es elevado de tal forma y posee tantos ángulos que, como dije, es imposible comprenderlo completamente.

Esa frase preparó el camino para que en los últimos minutos de vida Jesús produjera otro pensamiento aun más incomprensible. En medio de la más horrible agonía, se vuelve a Dios y pregunta por qué lo había abandonado. Examinaremos detenidamente todos esos pensamientos.

Comenzaré con las implicaciones de la primera frase del Maestro. Son algunas de las joyas más importantes que descubrí en la historia del hombre Jesús.

Primera implicación: los bastidores de la cruz

Al pronunciar la palabra «Padre» en la primera frase, Jesús está indicando que además del escenario exterior, como la cruz, la sangre saliendo de su cuerpo, los soldados, la multitud, existían eventos únicos por detrás del escenario.

Al pedir a su Padre: «Padre, perdónalos», Jesús reveló que para él, el principal espectador de su caos era un personaje invisible. Alguien que veía una película que nadie más veía. En esa película, su Padre era el actor principal. Nadie podía entender lo que pasaba por la mente del crucificado.

Se habían juntado miles de personas para presenciar el espectáculo de su muerte. Allí había también algunos fariseos, escribas y sacerdotes acompañándolo en sus últimos momentos. Pero estos, desafiando su poder, no dejaban de presionarlo.

Aunque era evidente la debilidad de Jesús, su mente y su espíritu se mantenían alerta y concentrados en su Padre. De esta forma, encontraba energía detrás del escenario. Si bien la muchedumbre estaba profundamente angustiada, había alguien entre bastidores que reaccionaba y sufría más que toda la platea visible. ¿Qué misterio era ese?

Segunda implicación: el Padre no era un delirio producido por el estrés

¿Quién es Dios? ¿Por qué se oculta y no muestra claramente su rostro? Si bien creó la inmensidad del universo con billones de galaxias y millones de planetas y estrellas, nuestras dudas acerca del Autor de la existencia son aún mayores.

Muchos creen en Dios livianamente. El mundo, con todos sus fenómenos, es una obra espectacular que revela la grandiosidad divina. Para los que creen, Dios firma esa obra cuando las flores se abren en la primavera, cuando las nubes visten el cielo y derraman agua para irrigar la tierra, cuando los pájaros alimentan a sus polluelos sin extraviarse jamás de la dirección de los nidos, cuando una madre abraza a sus hijos y les manifiesta de esta manera su amor aun cuando ellos se equivoquen y la frustren una vez tras otra.

Otros tienen dificultad en creer en Dios. Zambullen sus ideas en un mar de dudas e indagaciones. Adoptan poses de ateos y, al hacerlo, se creen dioses. ¿Por qué? Porque aunque no conozcan todos los fenómenos del universo, no entiendan los límites de la relación tiempo-espacio y nunca hayan participado de los eventos fuera del paréntesis del tiempo, afirman categóricamente que Dios no existe. De esa forma, se hacen dioses, pues solo un dios puede tener tal convicción.

Yo era así. Para mí, Dios era fruto de nuestra imaginación. Hoy, conociendo el funcionamiento de la mente humana y analizando los detalles de la personalidad de Jesucristo, pienso que creer en Dios es una actitud muy inteligente. Todos los pueblos anhelaron encontrar a Dios, no como una señal de debilidad sino para refinar una de las inteligencias que, a pesar de haber sido siempre despreciada por las ciencias, es de las más importantes de la humanidad: la inteligencia espiritual.

La inteligencia espiritual es respaldada por la creencia en Dios y sirve para nutrir la esperanza de que un día, cuando la muerte destruya de forma irreversible la fibra de nuestra memoria que sostiene la construcción de los pensamientos y la conciencia de quiénes somos rescataremos la identidad de nuestra personalidad. El análisis que hago aquí es psicológico. Los caminos que dependen de la fe deben ser trillados según la conciencia de cada lector.

El Maestro de la vida siempre habló de la continuidad del espectáculo de la vida. Siempre declaró la existencia de Dios como un hecho indudable. Era tan osado y seguro que decía claramente que el Creador del universo era su propio Padre (Mateo 11.27). ¿Estaría él delirando cuando afirmó eso? ¡No!

Nadie puede acusarlo de delirio, ni antes ni durante el terror de la cruz, pues él exhaló, como ningún otro hombre, el perfume de la sabiduría, de la humildad, de la inclusión y del respeto. Jesús siempre fue coherente en sus ideas. No solo cuando estaba libre sino también cuando todas sus células morían afirmó que tenía un Padre. Ese hecho da una credibilidad sin precedentes a las palabras que dijo antes de morir.

Cuando Jesús hablaba de Dios y de la relación que mantenía con él, no dejaba margen para dudas. Sus convicciones eran sólidas (Lucas 10.21). Para Cristo, el universo, con millones de eventos, fenómenos y principios físicos y metafísicos, no surgió por casualidad. Era obra de un gran Creador. Él queda entre los bastidores de su creación, sin ostentar o alardear de sus obras. Ese creador anhela ser encontrado por los que conocen el lenguaje del corazón.

El universo es una caja de misterios. A cada generación la comprendemos de forma diferente. Frente a nuevos descubrimientos, las verdades científicas de hoy dejan de ser seguras y visten otras ropas. ¿No piensa usted que su vida es un gran misterio? La pantalla íntima de su alma oculta muchísimos secretos que ni usted mismo comprende. En realidad, usted, yo y el universo somos todo un misterio.

Si el universo es una caja de misterios, ¡imagine cómo no habrá de serlo su Autor! Si su autor es misterioso, ¡imagine lo misterioso que resulta el que ese Autor tenga un Hijo! No se pone perplejo con las biografías de Jesús quien nunca abrió las ventanas de la mente y del espíritu para comprenderlas.

Jesús y su Padre siguen siendo un gran enigma para teólogos y científicos. Solo conocemos la punta del gran iceberg de la relación entre ellos. Dios creó un universo que nos deja boquiabiertos. Él es detallista para crear las gotas del rocío y poderoso para crear en el espacio los agujeros negros que destruyen planetas enteros.

Aunque el Creador sea tan grande en poder e inmenso en sabiduría, su Hijo está agonizando en una cruz. ¿Quién puede revelar ese misterio? ¿Cuáles son los fundamentos del amor que hizo que los dos se sacrificaran de forma insoportable por una humanidad carente de sensibilidad?

Cualquier padre se desesperaría al ver a su hijo ensangrentado y sufriendo. En la multitud que se amontonaba había lágrimas, pero entre los bastidores de la cruz había sollozos inaudibles. Un personaje invisible sufría desconsoladamente por su hijo. Dios estaba llorando.

Tercera implicación: una relación íntima
entre el Padre y el Hijo

La tercera implicación de la primera frase de Jesús se refiere a su íntima relación con el Padre. Las reacciones inteligentes que tuvo durante su martirio fueron tan fascinantes que nos dan la impresión que había alguien por fuera sosteniéndolo.

El carpintero de Nazaret tenía libre acceso al Autor de la vida. Jesús era elocuente, seguro, sabio, enfrentaba sin miedo el mundo y la muerte. La relación con su Padre lo sostenía. Para la psicología es difícil interpretar la relación entre Dios Padre y su Hijo Jesús, porque disponemos de pocos elementos. Pero lo poco que podemos avanzar es fascinante.

A Jesús le gustaba que lo investigaran. Algunas veces hasta estimulaba a las personas a hacerlo. Cierta vez, preguntó: «¿Quién dicen los hombres que soy yo?» (Marcos 8.27); en otro momento confrontó a sus discípulos con la pregunta: «¿Y vosotros, quién decís que soy?» (Lucas 9.20). Él no quería seguidores ciegos sino personas que lo conocieran y que, por conocerlo, lo amaran.

¿Le gusta a usted que las personas busquen saber quién es usted o se considera intocable? ¿Tiene usted el valor de preguntar a sus hijos, amigos y compañeros de trabajo, qué piensan de usted? Quien no nos conozca profundamente no tendrá forma de mantener una relación íntima y afectiva con nosotros. El amor no se cultiva en suelo intacto, sino en suelo conocido.

Vea los secretos que dirigían la relación de Dios con su Hijo. El Padre era invisible, el Hijo era visible. Uno buscaba agradar al otro. El Hijo hacía frecuentes elogios al Padre, el Padre decía que Jesús era su Hijo amado (Mateo 3.17). ¿Quién puede revelar los secretos de esa relación tan compleja y maravillosa?

El diálogo entre el Padre y el Hijo tras los bastidores de la cruz se acerca a lo inimaginable. Deben de haber sido muchísimos aunque los que quedaron registrados son solo unos pocos. Padre e Hijo eran unidos y se amaban profundamente. Uno se preocupaba constantemente del otro, uno buscaba agradar al otro. Jamás se vio una relación tan afectuosa.

Mientras el Hijo permanecía en el escenario del teatro de la vida, el Padre estaba entre bastidores. Nadie vio al Padre, pero el Hijo lo reveló (Juan 1.17, 18). Esperábamos que el Hijo revelara claramente al Autor de la vida y contestara nuestras preguntas acerca de los misterios de la existencia, pero seguimos confundidos. ¿Por qué? Porque el Hijo posee características de personalidad que escapan a los límites de la lógica humana.

El Hijo pudo desear tener empleados y trabajadores, pero prefirió la acogida de los animales. Pudo desear ser el intelectual más famoso, fundar la escuela de pensamientos más brillante, pero prefirió tallar madera y, más tarde, unirse a unos pocos pescadores.

Ahora, en el momento más álgido del Calvario, de nuevo confunde nuestras mentes. Habría sido lógico esperar que colgado en la cruz, odiara a sus verdugos y deseara exterminarlos. No obstante, para sorpresa nuestra, reúne sus pocas fuerzas para defenderlos y dice: «Padre, perdónalos». ¿Cómo puede ser posible tal cosa?

«Perdónalos», ¿Por qué? ¿Qué motivo tendría él para perdonarlos? ¿Quién es ese hombre que, aun aplastado por el dolor, sigue amando?

Cuarta implicación: las limitaciones del Todopoderoso o la locura del amor

Dios es omnipresente. El tiempo no existe para él. Está en todo tiempo y en todas partes. Es el alfa y la omega, está en los dos extremos del tiempo, en el principio y en el fin (Apocalipsis 22.13). Nuestra mente frágil no consigue imaginar su grandeza. Aunque el tiempo no exista para él, cuando su Hijo murió, el tiempo se detuvo.

Dios también es omnisciente. Tiene conciencia instantánea de millones de eventos y fenómenos. Nosotros somos intelectualmente limitados, construimos un pensamiento a la vez y nos concentramos en un evento después de otro. Pero el Dios descrito en las Escrituras es ilimitado. Por lo tanto, al ver a su Hijo muriendo, probablemente se olvidó del universo y concentró toda su energía en sus sufrimientos.

Dios también es omnipotente. Su naturaleza es eterna. No tuvo principio. Su poder no tiene límites. Experimentó una limitación jamás vivida. Tenía todo el poder para salvar a su Hijo, pero no lo hizo. ¿Por qué?

El Hijo se había dispuesto a morir por la raza humana. En la cruz, la redimió para que los seres humanos tuviesen acceso a la vida eterna. ¿Por qué el Padre y el Hijo no prepararon un plan que demandara menos sacrificio de los dos? ¿Por qué tenían que sufrir hasta el límite de la imaginación? No hay una explicación científica para eso. El amor no tiene lógica.

Si alguien a quien usted ama estuviese sufriendo, posiblemente haría locuras de amor para salvarlo. Cuando analice el dolor de María y la preocupación de Jesús por ella, relataré una experiencia en la cual una de mis hijas sufrió riesgo de muerte. Asistí a la escena y viví el ápice del desespero. Esto me sirvió para entender un poco mejor la dimensión incomprensible del mundo del amor.

El amor es el único sentimiento que nos hace olvidarnos de nosotros mismos y entregarnos sin medida. La psicología aún está gateando en cuanto a la comprensión del territorio de las emociones, un territorio que nos hace distintos a las computadoras y a cualquier máquina que pudiera inventar el hombre. Las matemáticas de las emociones nos hacen ser una especie única.

¿Tiene Dios lágrimas? No sabemos. Pero con o sin lágrimas seguramente lloró mucho. El tiempo se detuvo y el universo se hizo pequeño.

Fue la primera vez en la historia en que un padre, a pesar de todo su poder, vio a un hijo muriendo y no pudo hacer nada por él.

¿Quién estaba sufriendo más: el Hijo o el Padre? ¡Piense en eso! Es difícil contestar. No hay peor sufrimiento para un Padre que ver a su Hijo morir, sobre todo, de forma tan sufrida. Y no hay peor dolor que morir en una cruz, especialmente manteniendo la lucidez y expresando ternura. Padre e Hijo se retorcían de dolor y de amor.

Jamás se amó a la especie humana colectivamente de forma tan intensa. Si hombres y mujeres se amasen de esa forma, las lágrimas de dolor cesarían y las de la solidaridad irrigarían el suelo del mundo.

¿Pudieron haber otros caminos para que el Autor de la vida y su Hijo rescataran a la humanidad? Soy limitado para poder contestar, pero creo que para justificar a la humanidad, ellos eligieron la más sublime forma de amor.

Nunca un ser humano fue tan especial, a pesar de sus fallas y fracasos.

Quinta implicación: controló los instintos y abrió las ventanas de la mente

Permítame imaginar el complejo escenario que estaba sucediendo tras los bastidores de la cruz. Pido al lector que me perdone si hubieren fallas en este análisis, pues me siento un pequeño pensador ante lo infinito.

El Padre veía a Jesús muriendo, cada gemido tocaba hondo en su alma. Entonces, de repente, fue como si no aguantando más aquel dolor, Él dijera: «Hijo, ¿qué hicieron los hombres contigo? Yo te amo intensamente y no soporto más verte sufrir. Esos hombres llegaron a los límites de la injusticia al crucificarte. Nosotros amamos a la humanidad, pero tu copa es demasiada amarga. Voy a terminar con tu sufrimiento. Voy a juzgar a tus verdugos y a toda la humanidad».

Entonces el Hijo, en medio de su intenso dolor, tal vez haya dicho algo de una belleza extraordinaria: «Padre, tú los amas. No te preocupes por mí, no los condenes. Yo clamo por ellos. Olvídate de mi dolor. No sufras por mí».

Jesús cuidó a Judas, a Pedro y a la multitud que lloraba mientras él caminaba hacia el Calvario. Ahora, el más dócil de los hijos cuidaba a su Padre.

Las gotas de sangre brotaban de su cuerpo y le era cada vez más difícil respirar. Su cara se contraía constantemente, reflejando la imposibilidad de conservar la serenidad.

Tal vez, al ver intensificarse la agonía del Hijo, el Padre haya decidido intervenir; pero cuando el Hijo percibe la intención del Padre, comienza a desesperarse. Llena los pulmones y, de forma imperativa, buscando calmar el dolor de su Padre y defender a la humanidad, pone sonido a sus pensamientos: «Padre, perdónalos, porque no saben lo que hacen».

En seguida, Jesús se encierra dentro de sí y es posible que llorando haya añadido, silenciosamente: «Recíbeme como sacrificio por la humanidad. Yo la amo y muero por ella».

El Hijo interrumpió la acción del Padre. Asumió la condición de Cordero de Dios que redime al mundo de sus injusticias. Era todo lo que el Todopoderoso deseaba escuchar. El amor del Hijo limitó la acción de Dios, pero en lugar de rebajarlos, los hizo inimaginablemente más grandes. De esta forma, el Padre sostenía al Hijo, y el Hijo sostenía al Padre. Ambos se alimentaron del amor mutuo mientras eran molidos por las transgresiones humanas.

Solo el amor es capaz de llevarnos a practicar hechos inolvidables. Usted puede ser un brillante pensador, pero si no tiene amor, sus hechos no serán más que bronce que suena, pero no tiene vida. El amor todo lo perdona, todo lo espera, todo lo soporta, jamás desiste, pues da todas las oportunidades para comenzar todo otra vez (1 Corintios 13.7).

Sexta implicación: las lecciones de tolerancia para con los hombres intolerantes

Al Maestro de la vida se le honró como a nadie y se le humilló como a pocos. Su inteligencia sobrepasaba la de los pensadores pero su humildad era más refinada que la del más desconocido de su sociedad. Era fuerte emocionalmente, pero supo llorar y confesar su angustia. Cuando se encontró abandonado, no murmuró, pues comprendía la actitud de sus discípulos y sabía hacer de la soledad una invitación a la reflexión.

Jesús vivió la gloria de los reyes y el anonimato de los miserables. Solamente una persona tan desprendida, amable y altruista podría interceder por aquellos que lo trataron sin ninguna consideración. ¿Qué hombre era ese que no excluyó a nadie?

Sus energías debieron de haber estado totalmente concentradas en su dolor y en la preservación de su vida, pero en cambio las dirigió hacia los que lo rodeaban pues tenía una habilidad única para pensar en los demás, y no en sí mismo.

Séptima implicación: miró más allá de la cortina del sistema social

Jesús perdonó a hombres indignos de ser perdonados. ¿Por qué lo hizo? ¿Cuál fue el secreto que él usó para perdonar? Durante años he oído a mis pacientes hablar de la dificultad de perdonar a aquellos que los hirieron. Lo intentan, pero no siempre lo logran. Procuré ayudarlos, pero no siempre tuve éxito.

Algunos jamás han podido olvidar las heridas que les produjeron sus padres, sus amigos de la niñez, sus vecinos, sus compañeros de trabajo. Llevan cicatrices profundas en la memoria. Estoy convencido de que perdonar no es fácil. Sin embargo, cuando comencé a estudiar más detenidamente la primera frase de Jesús en la cruz, mis ojos se abrieron.

El secreto para perdonar es comprender. No se esfuerce en perdonar a quien lo molestó; use su energía para comprenderlo. Si comprende las fragilidades, inseguridades, infelicidades, reacciones inconscientes de él, perdonar será la cosa más natural. Para perdonar a los demás también es necesario comprender nuestras propias limitaciones, y ser conscientes de que estamos sujetos a muchos errores. Cuando nos damos cuenta de nuestra propia fragilidad y penetramos en la historia y en los problemas de los que nos rodean, se hace mucho más fácil perdonar y reformular la imagen inconsciente de aquellos que nos hirieron.

Aunque Jesús estuviese rogando a Dios para que perdonara a sus agresores, lo peor de la especie humana estaba representado por los soldados y por los hombres que lo escarnecían a los pies de la cruz. Para perdonarlos el Maestro tuvo que ir demasiado lejos en su raciocinio.

¿A dónde fue él? A un territorio en el que pocos filósofos se adentran. Fue más allá del horizonte de los comportamientos de sus enemigos, y vio que el sistema social estaba entorpeciendo la capacidad de pensar de ellos y de ser verdaderamente libres para decidir.

Como excelente conocedor de la psicología y de la filosofía, comprendió que los hombres que lo juzgaron y crucificaron estaban anestesiados por el sistema social, político y religioso. Anestesiados por una droga más potente que aquella que ofrecieron a Jesús para aliviar sus sufrimientos.

La droga química atrapa las emociones. La droga del sistema entorpece el alma, dando origen a una cárcel imperceptible. Los hechos terroristas y las violencias urbanas se producen cuando el sistema social o una ideología aprisionan el alma y no valoran la vida.

No piense que la droga del sistema sociopolítico no nos entorpece. Cuando pasamos horas escuchando a los personajes de la televisión pero no dedicamos tiempo a hablar con nuestros hijos, el sistema nos está entorpeciendo. ¿Será que no nos damos cuenta de lo que estamos haciendo cuando nos esforzamos por dar el mundo a nuestros jóvenes, pero nos olvidamos de darles la historia de nuestra vida y nuestro tiempo?

Cuando trabajamos obsesivamente, cuando nuestro interés se concentra en el dinero, cuando reaccionamos reflexionando superficialmente sobre el sentido de la vida, estamos dejando que el sistema nos entorpezca. El tiempo entre nacer y cerrar definitivamente los ojos es muy corto. ¿Será que la brevedad de la vida no es capaz de invitarnos a marcar un encuentro con la sabiduría?

Los religiosos que juzgaron a Jesús creían que estaban ofreciendo culto a Dios. De otro lado, los soldados que lo crucificaron creían que estaban haciendo un servicio al Imperio Romano. Las actitudes de amor eran aparentemente correctas, sin embargo ellos no eran conscientes de que el sistema los estaba controlando. Pensaban, pero sin libertad. Absolutamente condicionados.

Sea libre para pensar. Sea crítico en cuanto al fundamento de sus actitudes porque a veces, queriendo agradar a Dios, podemos estar haciendo cosas absurdas, hasta actos inhumanos. En nombre de la defensa de la moral y de la ética social, se puede destruir personas.

En el ápice de su dolor, Jesús logró disculpar a hombres inexcusables. Y lo pudo hacer porque comprendió el papel del sistema en el proceso de construcción de los pensamientos, y en la producción de las reacciones humanas. Para él, los soldados no sabían qué hacían cuando cumplían la sentencia de Pilatos, ni los fariseos cuando lo ridiculizaban.

Si él fue capaz de perdonar a tales hombres, ¿habrá límites para su capacidad de perdonar? ¿Qué hombre es ese que no da tregua al amor?

Octava implicación: el arte del perdón como refrigerio para el alma

Llegamos a la última implicación de la primera frase de Jesús en la cruz. Hay otras, pero me detendré aquí. Su capacidad de perdonar era un refrigerio para su alma, y lo volvía el más dócil de los hombres. Cuando pidió al Padre que perdonara a sus enemigos, él ya les había perdonado. Nadie tenía deudas con él.

Jesús canceló todo el odio de sus agresores. Rompió la «prueba» de la arrogancia, de la prepotencia y del orgullo de los hombres que lo hirieron. Con mucha frecuencia nosotros abandonamos a aquellos que nos hacen daño, pero él jamás los abandona. Todos son aptos para ser sus amigos.

Muchas veces excelentes relaciones entre amigos, compañeros de trabajo y parejas terminan porque las personas no saben tolerarse ni superar pequeños defectos. Cuando una de las personas es hipersensible, no consigue controlar el impacto que le causan las críticas o actitudes hostiles.

Perdón y comprensión no son atributos de los débiles. Son ingredientes universales para el éxito en las relaciones interpersonales, trátese de intelectuales o de miembros de tribus primitivas. Sin la psicología del perdón, las personas que nos decepcionan se van volviendo «monstruos» en el suelo de nuestro inconsciente. Si esa imagen «monstruosa» no fuera contenida y controlada, sería capaz de controlar nuestro encanto por la vida, nuestro desempeño social e intelectual.

Ya afirmé que la mayor venganza contra un enemigo es perdonarlo. Si lo comprende, usted lo perdonará. Si lo perdona, él morirá dentro de usted y ya no renacerá como enemigo. Caso contrario, dormirá con usted, robará su sueño, comerá con usted y destruirá su apetito.

Jesús era una persona flexible. Si alguien le cerraba la puerta de entrada, en lugar de gastar energía en una confrontación buscaba una ventana. Cuanto más le cerraban la puerta de entrada, más abría las ventanas del fondo. ¿Busca usted las ventanas, o prefiere siempre la confrontación? Gaste menos energía. Es más fácil abrir las ventanas. Comience abriendo las ventanas de su mente.

El inigualable Maestro de las emociones murió sin guardarle rencor a nadie. De seguro que ni siquiera había cicatrices inconscientes en su memoria. Él fue, de verdad, el más libre de los seres humanos.

Todos los elogios que he hecho al Maestro de la vida en los libros de esta colección son intentos tímidos. Busqué insistentemente encontrar alguna razón para criticar su comportamiento pero no la encontré. Él es intachable. Desafío a los demás científicos a analizarlo; sin embargo, quiero advertirles una cosa: ese hombre contagiará sus emociones.

Una historia increíble de amor

Hay un relato en la biografía de Jesús que sintetiza la historia increíble del amor de Dios por la humanidad. Dice así: «Porque de tal manera amó Dios al mundo, que ha dado a su Hijo unigénito, para que todo aquél que en él cree, no se pierda, mas tenga vida eterna» (Juan 3.16). Dejemos a un lado el aspecto religioso y atengámonos al contenido

118

jurídico y psicológico de esta afirmación. Parece de fácil comprensión, pero reúne en ella complejidad y generosidad.

Cuando usted tiene dinero, el banco no lo molesta; pero si tiene deudas, se vuelve inolvidable para ellos. Con el evento de Cristo en la cruz, toda la deuda del ser humano delante de Dios queda cancelada en un momento; todos los procesos jurídicos son archivados inmediatamente. Nuestras inmensas y continuas fallas son aniquiladas por la actitud de un solo hombre. Nunca fue tan fácil tener acceso a la eternidad.

Pagamos caro por un plan de salud, pero Dios ofrece gratuitamente la vida eterna. El Autor de la vida y su Hijo nos ofrecen, sin cobrar nada, una vida feliz e inagotable. Es el mejor negocio que podríamos hacer.

Debido a que la exigencia de perfección recayó sobre Jesús, a nosotros no se nos exige perfección, solo comprensión y compasión. Tampoco se exige sacrificio pues el Padre y el Hijo ya se sacrificaron todo lo que se requería por la humanidad. Ellos sembraron el trigo, lo cultivaron, lo cosecharon, lo molieron, cocieron el pan y ahora lo ofrecen, generosamente, sin ningún esfuerzo nuestro. Solo es necesario que tengamos apetito y abramos la boca.

Padre e Hijo trabajaron para borrar nuestros sentimientos de culpa, eliminar las cicatrices de nuestra memoria, anular las áreas de tensión en nuestro inconsciente y, además de eso, sumergirnos en una esfera de placer inagotable.

La cruz fue la prueba solemne del amor de Dios. Para nosotros, seres temporales, la muerte y los sufrimientos son vistos como cosas monstruosas. Pero, para Dios, muerte y sufrimiento son solo una gota en la perspectiva de la eternidad. Él tuvo el valor de ver a su Hijo agonizar en una cruz. Nadie jamás podrá acusarlo de no amar a sus criaturas.

Hay dos tipos de Dios. El que creó a los seres humanos y el que estos crearon. El que nos creó es solidario, nos ama incondicionalmente, nos cuida, protege, alivia, incluye, se preocupa. El que los hombres crearon juzga, condena, excluye, ama con condiciones, presta más atención a unos que a otros. Sin importar cual sea nuestra religión, es conmovedor ver el esfuerzo descomunal del Dios bíblico dando lo que tenía más precioso para rescatarnos: su único Hijo.

El amor lo hizo practicar hechos que sobrepasan el límite de la imaginación. Desde el punto de vista psicológico, es imposible ir más lejos. Es ilógico e incomprensible lo que Dios y su Hijo hicieron por la humanidad. Jamás la capacidad de amar afectó niveles tan altos. En realidad, ellos agotaron todas las posibilidades del amor.

7 | La segunda hora: humillado públicamente

Desafío a los pies de la cruz

Para los líderes judíos, era inconcebible que el Dios que los había sacado de la esclavitud de Egipto, que les diera la tierra de Canaán, que fuera objeto de las más elocuentes profecías y alabado por inspirados salmistas, estuviese delante de ellos representado por su Hijo.

Era imposible que el Hijo del Altísimo pudiera estar en la piel de un carpintero. Jamás un galileo nacido en un pesebre, que creció en una ciudad despreciada, que no tuvo el privilegio de frecuentar las escuelas de los escribas y de los fariseos podría ser el Cristo, el Mesías esperado desde hacia tantos siglos por el pueblo de Israel.

La historia y la forma de ser de Jesús perturbaban la mente de los líderes judíos quienes, después de observar su apariencia y su origen, lo rechazaban sin más trámite. No valió que en los años 740-680 a.C., cerca de siete siglos antes de la venida de Jesús, el profeta Isaías haya descrito con precisión los detalles sociales y psicológicos del Cristo

(Isaías 53). Los líderes judíos sintieron aversión hacia su manera de ser. Si hubiesen aceptado a Jesús como el Cristo, habrían tenido que acercarse al pueblo, despojarse de su arrogancia y reproducir los comportamientos del Maestro. Habrían tenido que perdonar incondicionalmente, aceptar en su mesa a personas consideradas viles, tratar las heridas de los leprosos y ser complacientes con los socialmente rechazados. Pero eso era algo inconcebible e inaceptable para ellos, los guardianes de la moral nacional.

Le faltaron el respeto en su dolor

La segunda hora de la crucifixión fue de las cuatro a las cinco. Aunque Jesús estaba pereciendo, los soldados romanos y los líderes judíos no le daban tregua.

Su presencia dócil y tranquila incomodaba a sus enemigos. Gritaban como si estuviesen desafiando a la persona más fuerte del mundo. «Sálvate a ti mismo; si eres Hijo de Dios, desciende de la cruz» (Mateo 27.40). Los gritos llenos de rabia golpeaban sus emociones, pero Jesús se mantuvo en silencio. No tenía fuerzas, ni deseaba reaccionar.

Algunos más exaltados comentaban entre sí: «Si es el Rey de Israel, descienda ahora de la cruz, y creeremos en él» (Mateo 27.42). Los milagros de Jesús, sus palabras arrebatadoras y el resistirse a hablar acerca de su propia identidad estimularon a sus enemigos a provocarlo.

Jamás irrite a un hombre herido, pues puede reaccionar como un animal. Cuando estamos ansiosos y angustiados, cualquier ruido se vuelve una provocación. Gran parte de las violencias y asesinatos ocurren cuando una persona ansiosa se siente provocada. Al conducir

122

un vehículo, hombres calmados pueden actuar con extremada violencia cuando están estresados. Algunos llegan a usar armas. La única persona que podía ser provocada sin ningún riesgo de reacción violenta era Jesús.

La reacción íntima y misteriosa con el Padre era su único confort.

Todos tenemos algunos conflictos

Recuerdo a una paciente que escuchó a su madre decir que la había encontrado en una cesta de basura. La madre estaba bromeando, pero la niña interpretó y registró la información de forma distorsionada. Nunca se olvide de que el registro de la memoria no depende de las intenciones de los otros, sino de la forma como interpretamos las actitudes y comportamientos ajenos.

A pesar de sentirse rechazada, la niña no le comentó nada a su madre. Pasó a tener la sensación de que sus padres hacían un favor en criarla. La frase aparentemente inocente de la madre quedó registrada de forma privilegiada en los archivos de la memoria de la niña; por eso, todas las veces que recibía una reprimenda o un castigo, se sentía aun más rechazada. De esa forma, creó una imagen distorsionada de la madre y del mundo.

Las imagenes distorsionadas y aumentadas registradas en nuestra memoria quedan disponibles para ser leídas, produciendo una hiperaceleración de los pensamientos que vuelven a ser registrados en la memoria, expandiendo la imagen inconsciente y produciendo un área de estrés enfermiza.

Gracias a este mecanismo, una palabra poco cordial puede volverse una agresión. Una expresión descuidada, una señal de desvalorización, una ofensa son capaces de producir un enemigo mortal. Un rechazo social puede provocar un bloqueo doloroso. Todos estamos expuestos a ser afectados por ese proceso. Es probable que, aunque no nos hayamos dado cuenta, tengamos algunos trastornos psíquicos generados por ese rechazo.

Cuidado con lo que les dice a sus hijos o a sus alumnos. Cuidado con sus palabras. Sepa que determinadas actitudes y palabras tienen el poder de penetrar en los territorios del inconsciente y contribuir para volver el alma humana seca y árida. Nunca menosprecie la capacidad de interpretación de un niño ni los sentimientos de una persona mayor.

Cuando tenga que criticar a alguien, comience haciéndole elogios porque cuando valora a una persona, está abriendo las ventanas de la memoria y la torna capaz de recibir su ayuda. La crítica deja de ser un ataque para transformarse en una contribución. Pero si a alguien se le critica secamente, se está paralizando su inteligencia. Todo lo que usted diga, por más correcto y elocuente que sea, será una intromisión. Muchas veces, a pesar de saber que la agresividad y la crítica desprovista de caridad nunca ha contribuido a educar las emociones, hemos insistido en ese camino.

Jesús sabía abrir las ventanas del alma y del espíritu de las personas. Él tenía el don de fascinar a las multitudes. Su capacidad de amar y hacer elogios a la vida incondicionalmente, lo trasformaba en una persona feliz y tranquila. En él solo había palabras de elogio a la vida. Cuando protegía o defendía a alguien, amigo o enemigo, íntimo o desconocido, confirmaba que la vida es bella, aun cuando no haya flores en los jardines. El elogio a la vida hace menos frío al más riguroso de los inviernos.

8 | La tercera hora: cuidó a un criminal y vivió el mayor de los sueños

En la tercera hora solo había espacio para la confusión mental. Durante toda la noche, el Maestro había recibido golpes y ni agua ni comida. A la cruz llegó deshidratado, exhausto, lesionado y con graves problemas circulatorios. Había perdido mucha sangre.

Era de esperar que su capacidad de raciocinio estuviese afectada. Mientras su cuerpo luchaba por mantenerse vivo, Jesús reaccionaba con palabras y actos increíbles.

Como vimos, en la segunda hora, cuando sus verdugos lo humillaron y lo provocaron, su respuesta fue el silencio. Ahora, en la hora tercera, cuando le dieron tregua, verbalizó tres pensamientos admirables que expresaban su preocupación y cuidado afectivo hacia un criminal, hacia su madre y hacia su discípulo amado, Juan.

El criminal se vuelve hacia el Maestro

Imagine la escena. Muchos fariseos conocedores del Antiguo Testamento desafian a Jesús mientras él es flagelado y clavado en la cruz.

Para ellos, el Maestro no es más que un impostor, pues no reacciona a las provocaciones.

Mientras todos lo humillan, de súbito uno de los criminales hace un reconocimiento inimaginable. Al encontrarse en el Calvario, ese criminal ve a Jesús sangrando, con las espaldas abiertas y el cuerpo cubierto por hematomas. En la cabeza, una corona de espinas. Jesús parece frágil y debilitado. Alguien que inspira lástima.

No obstante, el criminal ve algo más allá de los hematomas y de la fragilidad. Ve en aquella persona que está muriendo a su lado no a un ser común y corriente sino a un rey. Un rey con un poder que sobrepasa los límites de la comprensión humana. Un rey que posee un reino invisible pero real.

El criminal implora a Jesús que se acuerde de él cuando esté en su reino (Lucas 23.40-42). Alcanza a ver algo que nadie ve.

En la cruz, Jesús es digno de lástima, pero un criminal lo trata como a un rey. Un rey que vencería a la muerte, que introduciría su reino en la humanidad. Un rey que en aquel momento inspira conmiseración pero que un día, cuando las puertas del templo se cierren, mostrará su fuerza y su vigor.

A lo largo de la historia, muchos hombres y mujeres han amado a Jesucristo, porque consiguieron ver lo que nadie veía. Vieron flores en el invierno. Vieron campos verdes en un ambiente de piedras y arena.

Bastó una palabra del criminal dirigida al Maestro de la vida para que hiciera que Jesús volcara toda su atención hacia él:. «Jesús, acuérdate de mí cuando vengas en tu reino». El criminal no necesitó humillarse ni confesar sus errores, solo reconoció que aquel que moría a su lado era un rey.

Jesús lo acogió sin exigirle nada a cambio. Esa misma fue su actitud durante todo el tiempo de su peregrinación en la tierra. Siempre que alguien se volvía a él, aunque fuera una meretriz, lo acogía sin avergonzarlo. En el episodio de la samaritana, no quiso saber detalles de su historia, no especuló acerca de sus fallas ni la controló. Solo buscó confortarla e introducirla en una esfera de paz placentera y libertad (Juan 4.1-27).

Nos gusta controlar a los demás, pero el Maestro de la vida amaba hacer a las personas libres. Muchos padres desean dar la mejor educación a sus hijos, pero no saben enseñarles a ser libres para pensar y escoger con madurez sus caminos, antes bien, les imponen reglas rígidas y los castigan si no las siguen. En lugar de ayudarlos a crecer, producen tumultos e intrigas y los dejan faltos de preparación para vivir en la escuela de la vida.

Muchos ejecutivos también se empeñan para que el mundo gire en torno a ellos. Controlan como dictadores a las personas y actividades. Pero, por no conocer el funcionamiento de la mente humana, no saben que la construcción de pensamientos es incontrolable. La mejor forma de dirigir un equipo es ayudando a las personas a gobernar sus pensamientos y entrenándolas para pensar antes de reaccionar.

Nadie controla los pensamientos de nadie. Aun aquellos que tienen la autoridad, nunca tendrán poder sobre la mente de los demás, aunque los demás bajen la cabeza. El alma es un territorio de libertad. Los únicos verdugos de nuestras almas somos nosotros mismos.

Jesús conocía la mente humana como nadie. Estaba consciente de que las leyes de Moisés y las elevadas reglas de conducta no eran suficientes para eliminar injusticias, discriminación, intolerancia y múltiples formas de agresividad en el pueblo de Israel. ¿Cómo solucionar lo que la ley no era capaz de hacer? Actuando en el funcionamiento de la mente, en las bases de la memoria, en el centro de la energía emocional. Eso fue lo que hizo el Maestro.

En todo el mundo el problema de la violencia parece incontrolable. Los responsables por la seguridad pública en las sociedades democráticas no saben qué hacer para solucionar el drama de la violencia en todos los niveles. Los mecanismos de represión no solucionan definitivamente el problema; cuando mucho, lo disminuyen. La educación y transformación interna del ser humano es la clave.

El Maestro de la vida sabía que si no transformaba a las personas internamente, no habría solución. Fue lo que él hizo con sus discípulos mientras andaba y caminaba con ellos. Aprovechaba cada una de sus parábolas y cada circunstancia vivida para conducirlos a la práctica de las funciones más importantes de la inteligencia. Cada una de esas prácticas era un entrenamiento en la escuela de la vida.

Él sabía que el amor es la mayor fuente de motivación, de cambio de las bases de la memoria y de transformación interior. El Maestro de la vida era un rey sin trono político. Era un rey que había aprendido a reinar en el alma humana.

A nosotros nuestro pasado nos persigue y nos remordemos con sentimientos de culpa. Pero el Maestro no gravitaba en torno a su pasado. Para él, las fallas debían ser recordadas solo para reescribirlas. Por eso, todos vivían tranquilamente en su presencia. El pasado dejaba de ser un peso y se transformaba en el telón de fondo de una bellísima obra de arte.

Quien ama, respeta el espectáculo de la vida. Quien ama, abre las ventanas de la mente para pensar en muchas posibilidades. El amor vuelve a la gente personas inteligentes y arrojadas. Los científicos que aman sus investigaciones hacen los más notables descubrimientos. Los profesores que aman a sus alumnos, penetran en el territorio de las emociones de ellos y dejan huellas para siempre. Si usted trabaja pensando solo en el sueldo a fin de mes, nunca será un excelente funcionario.

El Maestro comunicaba amor en cada uno de sus hechos, por eso tocó a un miserable criminal que moría a su lado.

La segunda frase: «De cierto te digo que hoy estarás conmigo en el paraíso...» consoló a un criminal

Jesús dijo al criminal: «De cierto te digo que hoy estarás conmigo en el paraíso» (Lucas 23.43). ¿Cómo pudo afirmar eso si, de acuerdo con las Escrituras, él quedó tres días en la tumba: la tarde de viernes, el sábado y la mañana del domingo? Eso indica que el Maestro hablaba de otra dimensión.

Cada persona, de acuerdo con su creencia, tiene una opinión acerca de este tema. Como investigador científico, no voy a profundizar en ello, pues todo eso tiene que ver con la fe. Es posible que reciba muchos correos electrónicos de lectores expresando sus opiniones. Solo quiero hacer un comentario sintético.

Es probable que, al decir que «hoy» el criminal estaría con él en el «paraíso», Jesús se estuviera refiriendo a una dimensión donde la personalidad es preservada después de la muerte. Él indicó lo que la ciencia ni sueña comprender, o sea, que la muerte del cuerpo no es acompañada por la muerte del alma o de la psique.

Miramos a la vida con los ojos de nuestra propia historia contenida en la memoria. Cada opinión emitida, cada respuesta dada, cada pensamiento declarado son producidos a partir de la lectura de la memoria. Es ella que guarda los secretos de nuestra existencia. Sin memoria no hay historia, sin historia no hay inteligencia.

Cuando el cerebro muere, la memoria se descompone, los secretos de la existencia se pierden, la historia se desmenuza. ¿Cómo rescatar esos secretos? ¿Cómo reconstruir la personalidad? Todos quieren saber qué sucederá cuando el fenómeno de la muerte los abata. Me imagino que usted también desea saber si hay vida y conciencia después de la muerte. Pero no busque las respuestas en los libros científicos, pues la ciencia está gateando en esa área.

Después que comencé a producir una nueva teoría psicológica y filosófica sobre el funcionamiento de la mente, pasé a preocuparme por cuestiones que no me perturbaban anteriormente. Comencé a pensar acerca del fin de la vida y la disgregación de la historia existencial contenida en la memoria.

Los filósofos, por lo general, son más profundos que los pensadores de la psicología, de la psiquiatría y de la neurociencia. Ellos son más libres para pensar. Discuten la metafísica sin problemas, reflexionan acerca de Dios sin miedo de ser censurados. Sócrates, Platón, Agustín, Spinoza, Descartes, Rousseau, Voltaire y Hegel están entre los pensadores de la filosofía que mantuvieron a Dios entre los temas de sus ideas. Algunos se dieron cuenta de que el ser humano necesita de Dios, pues solo con su existencia podríamos reconstruir nuestra identidad destruida por el fenómeno de la muerte.

Desde las eras más primitivas, nuestra especie siempre ha buscado a Dios. No logramos mirar hacia nosotros mismos o hacia el mundo, sin que nos hagamos las preguntas milenarias: ¿Quiénes somos?, ¿De dónde vinimos?, ¿Para dónde vamos?

Podemos definir filosóficamente nuestra especie con una frase: «El ser humano es una fuente de preguntas, que durante toda la existencia procura grandes respuestas».

Jesús dio una gran respuesta al criminal. Ambos se estaban muriendo, pero ambos se encontrarían después del caos de la muerte. Ambos estaban gimiendo de dolor, pero ambos estarían en el paraíso, un lugar sin sufrimientos, adversidades e infortunios.

El Maestro de la vida consiguió confortar el alma de un hombre miserable a quien lo atormentaba su destino. Con una simple frase rescató el ánimo de quien sucumbía bajo el calor de las dudas. ¡Cuántas dudas atormentan a los que piensan sobre el fin de la vida!

Me alegro por ese criminal. Pudo desear morir para librarse del dolor, pero soñaba en seguir con su existencia. Muchos, al contrario, ante los problemas piensan en el suicidio. No soportan las cargas de las pérdidas. No soportan los fracasos y las injusticias sufridas. Son controlados por el dolor, sofocados por la tristeza y la ansiedad.

Nunca desista de la vida. Si enfrenta su dolor, lo transformará; pero, si le diere la espalda, lo destruirá. He ahí, en la cruz, un miserable criminal que no desistió de la vida. Tenía todos los motivos del mundo para desanimarse, pero pidió a Jesús que se acordara de él en su reino, y el Maestro le habló de un paraíso. Ambos se estaban muriendo lenta y miserablemente, pero ninguno de los dos dejaba de soñar. Pero, ¿soñar con qué? Con el mayor de todos los sueños: la continuación del espectáculo de la vida. ¡Qué ejemplo!

Algunas personas tienen muchos motivos para ser alegres, pero solo expresan insatisfacción y son especialistas en el arte de quejarse. Sin embargo, hace dos mil años, el dolor y el agotamiento de dos personas que morían en la cruz no fueron suficientes para matar el amor por la existencia.

9 | Continuación de la tercera hora: cuidó cariñosamente a su madre

María, una madre especial

Algunos hijos enfrían la relación con sus padres cuando se enriquecen o se vuelven famosos. A veces los colman de bienes materiales, pero les niegan lo más importante: su presencia y su afecto. Algunos usan la sobrecarga del diario vivir y el exceso de actividades como excusas para justificar su ausencia.

Por más defectos que tengan, nuestros padres nos engendraron. La gran mayoría de ellos perdió noches de sueño y gastó lo mejor de sus energías y de su tiempo para cuidarnos. Desafortunadamente, cuando perdemos padre o madre nos preguntamos: «¿Por qué no les dediqué más tiempo? ¿Por qué no los valoré más?» La muerte de los padres nos lleva casi siempre a hacer una revisión de nuestra historia.

Es muy importante descubrir los sentimientos más ocultos de nuestros padres y buscar comprender sus inquietudes. Los mejores hijos son aquellos que pasan tiempo para descubrirlos. Es anormal la actitud de muchos hijos de no penetrar en el mundo de las emociones de sus padres, ni preguntar qué están sintiendo o qué necesitan. Conocen la apariencia, pero no saben qué está por detrás de sus actitudes: sus lágrimas, sus sueños, sus temores.

De la misma forma, muchos padres no logran percibir que hay un mundo por descubrirse dentro de cada uno de sus hijos, aunque ellos frustren a los padres y tengan diversas debilidades. Padres e hijos necesitan ser investigadores del alma. Necesitan aprender a investigar los unos a los otros para descubrir las piedras preciosas escondidas en su interior.

Cristo era el maestro del diálogo. Dialogaba largamente con Dios. Con sus discípulos, rompió todas las barreras y todas las distancias. Con las mujeres, aun con las socialmente rechazadas como la samaritana, era atento, educado y generoso.

¿Y era Jesús atento con sus padres terrenales? ¡Sin duda! Tenemos pocos relatos acerca de su infancia y adolescencia, pero lo poco que Lucas registró revela que era un hijo sin igual.

María sabía quién era aquel niño que crecía a sus pies. Lo conocía profundamente. Sabía que, antes de ser su hijo, era el Hijo de Dios. Antes de pertenecerle, le pertenecía al Padre. Sabía cuán especial era aquel niño al que amamantaba. Tan especial, que un día lo perdió.

Lucas debió de haber tenido una relación muy cercana con María. Escribió su evangelio más de veinte años después que Jesús hubo partido. María tiene que haberle provisto de mucha información pues él es el único que nos revela detalles de su nacimiento, y de la compleja oración de su madre.

Un día tal vez escriba un libro analizando la personalidad de María. La mujer que aparece en los evangelios tenía cinco grandes características principales.

Primera: era inteligente. En la oración registrada por Lucas (Lucas 1.46-55), hay una compleja organización de raciocinio y secuencia de ideas. Segunda: era humilde. Asumía literalmente la posición de una humilde sierva de Dios. Tercera: conocía bien las Escrituras antiguas. Su oración es un resumen del Antiguo Testamento. En ella, habla del origen del pueblo de Israel, de Abraham y su descendencia, sobre la promesa de Dios, sobre la exaltación de los humildes y la destrucción de los soberbios. Cuarta: era discreta. El hecho de no aparecer mucho en las biografías de Cristo es un ejemplo de su discreción. Quinta: respetaba a su hijo y guardaba sus palabras en silencio (Lucas 2.19).

Acerca de esta última característica hay una historia muy interesante. Cierta vez, María y José fueron a Jerusalén para la fiesta de Pascua. De regreso a su ciudad, perdieron al niño Jesús. Lo buscaron desesperadamente. Tres días después lo encontraron. El niño, que tenía doce años, estaba en el templo debatiendo sus ideas con los maestros de la ley: «Y todos los que le oían, se maravillaban de su inteligencia y de sus respuestas» (Lucas 2.47).

Luego que los padres lo vieron, se quedaron sorprendidos. Su madre se adelantó y sin agresividad mostró su angustia, diciéndole: «Hijo, ¿por qué no has hecho así? He aquí, tu padre y yo te hemos buscado con angustia» (Lucas 2.48).

Una de las experiencias más terribles para los padres es perder a un hijo en medio de la multitud. María y José lo perdieron por tres días. Eso es grave y capaz de provocar exasperación. ¿Por qué un hecho tan serio fue tratado por María con tanta flexibilidad? La única explicación es que ella y su hijo eran amables uno con el otro. Había un clima de cariño, atención, amor y preocupación que prevalecía en la relación de Jesús con sus padres.

Hasta completar treinta años, Jesús debe haber tenido largos y afectuosos diálogos con su madre. El niño la asombraba con su mansedumbre y su capacidad de entregarse. Después creció y comenzó a cuidar del mundo a su alrededor. Se entregaba a todos. En los últimos tres años su madre lo acompañó en muchos de los viajes que hizo.

María sabía que su hijo era un médico del alma que se dedicaba a la humanidad herida. Parecía no tener tiempo para sí, ni para su madre. Sin embargo, nunca se olvidó de ella. En la cruz, aunque estuviera sin fuerzas, buscó cuidar a María y protegerla.

Jesús estaba muriendo y observaba a su madre viéndolo todo. ¡Qué escena conmovedora! Madre e hijo que siempre se amaron, estaban tan cerca y tan distantes el uno del otro. Tal vez María estuviese recordando al hijo que cargó en los brazos, y que ahora lo estaba perdiendo. ¿Qué sentimientos podrían estar originándose en la mente de esta mujer serena y sensible?

Nada mejor para comprender el dolor de los demás que comprender nuestro propio dolor. Permítanme relatar una dramática experiencia que sufrí con una de mis hijas y que cambió mi historia.

La experiencia de un padre desesperado

Un día asistí a una cirugía que le hicieron a mi hija mayor. Se trataba de extraerle las amígdalas. Por tener formación médica, yo sabía que se trataba de un procedimiento relativamente sencillo. Ni imaginaba que pasaría por uno de los mayores sufrimientos de mi vida. Todo sucedía normalmente en el quirófano: la anestesia, las primeras incisiones y la regularidad del balón respiratorio.

Charlaba con el cirujano y con el anestesiólogo cuando, de repente, reparé que el ritmo del balón se había detenido. Mi hija había dejado de respirar. Me desesperé. En una fracción de segundo pasó por mi mente el pensamiento que podría perderla. Yo la amaba intensamente, la besaba varias veces al día. Perderla era simplemente inaceptable.

Mi corazón fue presa de una taquicardia incontrolable. No podía creer que no vería más su sonrisa, sus juegos, sus genialidades. Entonces grité, llamando al anestesiólogo, quien vino prontamente.

Cada segundo parecía una eternidad. Yo quería hacer algo, cualquier cosa, pero me sentía impotente. Habría dado todo en el mundo para ver mi hija volver a respirar. Por fin, felizmente, ella volvió. Yo tenía la sensación de haber salido de una guerra.

La cirugía terminó y el gran susto pasó. Pensé que la pesadilla se había acabado, pero lo peor aún estaba por venir. La recuperación de un niño sometido a ese tipo de cirugía es rápida. En algunos días ella estaría animada y volvería a ser lo que siempre fue. Pero, cada día mi hija empeoraba. Yo me iba a mi consultorio intranquilo, consciente de que algo estaba mal. Un olor fétido exhalaba por sus narices. Ella solo conseguía respirar por la boca.

Yo telefoneaba a su médico con frecuencia, y él me decía que eso era normal. Sin embargo, mi hija estaba cada vez más pálida, desanimada, sin deseos de jugar. El médico prescribió antibióticos y antiinflamatorios, pero nada ayudaba. Al quinto día, cuando llamé a casa, la niña casi no tenía fuerzas para hablar conmigo.

En aquel momento pensé en algo que nunca más salió de mi mente. Pensé en el valor de la vida, en cuán preciosa es y en el poco valor que le damos. Y solo cuando está próxima a agotarse es que nos acordamos de hacer esa reflexión. Pensé: «Daría todo lo que tengo, todo lo que he alcanzado en la vida por tener a mi hija otra vez como era antes. Daría mis títulos académicos, todo mi dinero, éxito, casa, o sea, todo, a cambio de su vida».

Angustiado, llamé una vez más a su médico y le dije que algo estaba mal. Entonces él tuvo una «intuición» y me pidió que la llevara de urgencia a su consultorio. Se acordó que pudo haber olvidado una gasa en su garganta. «Tal vez, en medio de la urgencia del paro respiratorio, me haya descuidado y olvidado ese material», dijo.

Su sospecha se confirmó. Mi hija sobrevivió, pero aquellos momentos me marcaron para siempre. La pérdida de un hijo es inolvidable para los padres. El sufrimiento de cualquiera de ellos nos hiere el alma.

Analicemos el territorio de las emociones de María a los pies de la cruz de su hijo.

La tercera frase: «Mujer, he ahí tu hijo...» consoló a su madre

María estaba cerca de la cruz. Se retorcía de dolor al ver la agonía de su hijo. Las lágrimas corrían abundantemente por su rostro. ¡Qué sufrimiento el de ella! ¿Quién podría consolarla? Nada en el mundo calmaba su alma. El hijo que ella había cargado en los brazos, ahora estaba clavado en los brazos de una cruz.

Imagine a Jesús viendo el dolor de su madre. Ya era amarga su copa física, pero verla sufrir solo hacía aumentar el mal sabor de su copa emocional. María sabía que lo perdería, pero seguramente había pensado que ese día aun estaba lejos. No imaginaba que su hijo fuera a morir aquel viernes, pues su juicio, como sabemos, fue muy breve. De repente, cuando menos lo esperaba, vio salir a Jesús mutilado de la casa de Pilatos.

En el camino al Calvario, María se desesperó. Quería abrazar a Jesús, pero se lo impedían los soldados que la rechazaban sin piedad. Había un batallón escoltando al Maestro. Más de trescientos hombres. María caminaba llorando. Nunca pensó que lo perdería de esa forma. No tenía fuerzas ni para gritar. Había visto el cuerpo desnudo de su hijo cuando pequeño; ahora, ya hombre, lo veía desnudo en la cruz como un espectáculo de deshonra ante los ojos del mundo.

Ella quería sacarlo de allí. Deseaba cuidar de sus heridas y detener la sangre. Debía gritar para que él la oyera: «¡Hijo, te amo!» Correr hacia él, pero era detenida sin piedad por los soldados. Por eso, tal vez exclamara: «¡Suéltenme! ¡Qué hicieron a mi hijo! ¡Déjenme abrazarlo y cuidarlo!»

Ninguna palabra podía calmar la angustia de aquella amable y humilde mujer. El hijo, que solo le había traído alegrías, estaba agonizando en la cruz. No soportaba verlo con la cara contraída por el dolor y se desesperaba ante su respiración jadeante. Ella quería hacer algo, pero se sentía absolutamente impotente.

Jesús sabía del dolor de su madre. Su corazón se debilitaba, pero él se mantenía lúcido. Entonces miró hacia ella, y la vio llorando, profundamente angustiada. No quería que sufriera, pero era imposible evitar su dolor. Ante eso, de nuevo reaccionó de forma sorprendente. Trató de encontrar una posición que le permitiera respirar mejor pero su dolor aumentó, y entonces exclamó: «Mujer, he ahí tu hijo» (Juan 19.26).

Sus manos estaban clavadas en la cruz de modo que el gesto lo hizo con los ojos. ¿A quién indicó? A Juan, el joven discípulo.

Jesús era un hijo irreemplazable, pero, en su lugar, pidió que María tomara a Juan como hijo. Pidió a su madre que se consolara con la presencia de él. Jesús partiría, pero dejaría en su lugar al joven que mejor aprendió de él el arte de amar.

Muchos, incluso teólogos, se preguntan por qué Jesús llamó a María «mujer» y no «madre». No olvidemos que Jesús decía mucho hablando poco. Dos veces en los evangelios llamó a su madre «mujer». Una en Caná de Galilea, al principio de su vida pública, cuando en una boda transformó el agua en vino (Juan 2.1-12). Y la otra, desde lo alto de la cruz (Juan 19.26). Comentaré solo esta última. Si lo entendemos, comprenderemos la primera.

Se piensa que llamar a la madre «mujer», es una forma de trato poco cortés. Pero detrás de las palabras de Jesús había una inmensa dulzura y amabilidad. Sabía que María se había apegado intensamente a él. Sabía que su inmenso amor por él la hacía olvidar que antes de ser hijo de ella, él era Hijo del Altísimo. Al decir «mujer», quería refrescarle la memoria y hacer que ella recordara el origen de él.

Era como si le dijera: «Madre, yo te amo, pero tú sabes quién soy yo. Tú sabías que me ibas a perder. Estás sufriendo intensamente, pero te pido que reacciones, no como mi madre, sino como una "mujer". Recuerda que tú fuiste bendecida entre las mujeres, pues mi Padre te escogió para recibirme, cuidarme y enseñarme los primeros pasos para hacer de mí un hombre. Sé una mujer fuerte. No sufras por mí. He ahí a Juan. Recíbelo como hijo. Él te cuidará y te protegerá en mi lugar».

Jesús se olvidó de sí mismo para preocuparse de su madre. Gastó la poca energía que aún tenía para confortarla. Ella, a su vez, entendió el significado de sus palabras, aunque en aquel momento, nada podía detener su dolor; por eso, siguió llorando sin contenerse.

El sufrimiento de Jesús produjo profundas vallas en su alma. Solo más tarde fue que su corazón se alivió. La pérdida de ese hijo fue irreparable. Así terminó la más bella historia de amor entre un hijo inigualable y una madre especial.

La cuarta frase: «He ahí tu madre» consoló a Juan

Después de dirigirse a su madre, señalando a Juan con los ojos, Jesús se dirigió al discípulo, diciendo: «He ahí tu madre» (Juan 19.27). Esa cuarta frase tuvo dos motivos.

Primero, Jesús veía las lágrimas de Juan y también quería consolarlo. Juan era un joven explosivo, pero al seguir las huellas del Maestro del amor, aprendió las más bellas lecciones para educar las emociones. Aprendió el alfabeto del amor. Amó tanto que, con más de ochenta años escribió tres cartas de amor para sus lectores.

Esas cartas, juntamente con su evangelio, están llenas de emoción. En ellas, él llama a todos hijitos. En la tercera epístola revela la intensidad con que Dios amó a cada ser humano. Juan termina esa carta diciendo: «Saluda tú a los amigos, a cada uno en particular» (3 Juan 15). Se interesaba por todos y saludaba a cada uno por su nombre, pues los consideraba personas únicas.

¿Son para usted únicas las personas con quienes convive y trabaja? Cuando pronuncia sus nombres, ¿se sienten reconocidas y valoradas? Debido a que Juan había aprendido el arte de amar valoraba a cada persona como un ser inigualable.

Ahora veía a su Maestro agonizando en la cruz. Perderlo era como perder el suelo, el sentido de la vida. Jesús también amaba intensamente a Juan, por eso no se olvidó de él en la cruz. Con un único esfuerzo buscó consolarlo y le pidió que cuidara a María como si se tratara de su propia madre. Pidió mucho con pocas palabras. Pidió y fue atendido. De aquel día en adelante, Juan la llevó para su casa y la cuidaba (Juan 19.27).

Fue la primera vez que, en una cruz, pocas palabras dijeron tanto. Fue la primera vez que, entre gemidos y dolores, se escribió una historia de amor: la más bella de todas. Fue la primera vez en que un corazón emocional amó tan ardientemente, mientras el corazón físico perecía.

10 | De la cuarta a la sexta hora: desamparado por Dios

Juzgado por el Juez del universo

La crucifixión de Jesús puede dividirse en dos partes de tres horas cada una. La primera fue de las nueve de la mañana al medio día, y la segunda, del medio día a las tres de la tarde. En la primera parte, como vimos, él pronunció cuatro frases referidas a cuatro personas diferentes: su Padre (Dios), un criminal, su madre y Juan. En esa segunda parte pronunció también cuatro frases. De acuerdo con el registro que hacen Mateo y Marcos, esas frases las dijo cerca del momento de su muerte.

En la primera parte, el sol brillaba; en la segunda, hubo tinieblas. Al medio día de nuestro reloj, que correspondía a las seis horas del horario judío, tuvo lugar un fenómeno raro: la tierra se oscureció. Y se oscureció tal vez por un eclipse, por un tiempo lluvioso o por un fenómeno que escapa a nuestra comprensión. Probablemente las tinieblas eran un símbolo de que Jesús estaría siendo juzgado por el Juez del universo a favor de la humanidad. Dios se vuelve juez del hombre Jesús. La investigación psicológica de este tema es capaz de dejarnos confundidos. En la primera parte, el Padre lo sostenía con sus palabras inaudibles, sus emociones intangibles, su mirada invisible. Ahora, ese Padre a pesar de amar intensamente a su Hijo, se sentó en el trono del juez.

De acuerdo con los textos bíblicos, jamás alguien había pasado la prueba de Dios (Romanos 6.23). ¿Por qué? Hasta donde alcanzamos a analizar y comprender, es porque el juicio divino sobrepasa los comportamientos exteriores y llega a las raíces mismas de la conciencia.

Dios investiga las intenciones del corazón y penetra los pensamientos humanos. Nadie es perfecto, no hay ser humano que sea pleno señor de sus emociones y de sus pensamientos. Podemos ser plenamente éticos exteriormente, pero, ¿quién lo es, en lo íntimo?

¿Quién tiene el coraje de declarar en alta voz todos los pensamientos que cruzan por su mente? Creo que ninguno de nosotros. El más puritano de los seres humanos produce pensamientos absurdos que no tiene valor de verbalizar.

La psicología encuentra muchas limitaciones para comprender a los individuos, pues solo consigue interpretar sus comportamientos. Por medio de ellos, busca comprender lo que los ojos no ven: las emociones, los fenómenos inconscientes, el engranaje dinámico de los conflictos, la estructura del yo. Entre el más excelente psicólogo y su paciente hay un mundo imposible de trasponer por medio de la limitada interpretación.

Lo mismo sucede con el sistema jurídico que tiene extensos límites para comprender y juzgar al ser humano. El sistema jurídico juzga a un reo no por lo que él realmente piensa y siente, sino por su pantalla de emociones externas. Por eso, necesita de testigos, de reconstrucción del escenario del crimen, de detectores de mentira y de abogados de defensa y de acusación para sentenciarlo con más justicia y menos equivocaciones.

El Autor de la vida no tiene ninguno de esos límites. Él va más allá de nuestros comportamientos y penetra en las entrañas de nuestra alma. Jesús fue juzgado por el único ser ilimitado en su capacidad para juzgar.

La ciencia puede hablar muy poco acerca de este tema, pero es posible inferir que Dios no juzgó a Jesús como su Hijo, sino como hombre. Cada pensamiento, sentimiento y reacción del hombre Jesús pasó por la plomada del tribunal de Dios. Solamente un hombre podría morir por la humanidad, solamente un hombre podría rescatarla y servir de ejemplo para ella.

Cristo puede servir de espejo para nosotros, porque fue un hombre como cualquier ser humano. Sufrió, lloró, vivió momentos de extrema ansiedad y tuvo diversos síntomas psicosomáticos. A pesar de eso, fue perfecto. Perfecto en su capacidad de incluir, perdonar, preocuparse, comprender, tener misericordia, entregarse, respetar, tener dignidad en el dolor. Perfecto en su capacidad incondicional de amar, en la habilidad de ser líder del mundo de las propias ideas y administrador de sus emociones.

Juan el Bautista, su precursor, previó ese tribunal de Dios. Al ver a Jesús, declaró en alta voz: «He aquí el Cordero de Dios, que quita el pecado del mundo» (Juan 1.29). ¿Cómo puede un hombre ser condenado por eliminar la culpa de nuestras injusticias?

Jesús murió por causa de las debilidades y miserias del alma humana. De un lado, lo mataron el odio del Sanedrín judío y el autoritarismo de la política romana. De otro, su muerte fue usada por el Juez del universo como un sacrificio para detener la culpa de una especie de seres inteligentes, pero que no honraron su capacidad de pensar.

Las páginas de nuestra historia nos avergüenzan. Hasta las tribus más primitivas están saturadas de agresividad. Las guerras, las discriminaciones, los genocidios, las injusticias contra las mujeres, la exclusión de minorías saturan nuestra historia. Millones de vidas son sacrificadas en cada década. Millones de niños anualmente son víctimas del hambre y de la violencia. Miles son violados sexualmente todos los días en todos los rincones de la tierra.

La medicina preventiva alcanzó inmensas conquistas, pero el número de vidas que preserva es pequeño si se le compara con las pérdidas provocadas por las guerras, por el hambre, por los accidentes en las carreteras. La democracia trató algunos síntomas de la injusticia, pero no eliminó la causa principal. Unos tienen mucho, otros no poseen nada. Los grandes controlan a los pequeños. La miseria física y emocional siempre fueron compañeras de nuestra especie.

Después de tantas vidas sacrificadas, vino un hombre que decidió sacrificarse por la humanidad. Un hombre que no pidió nada a cambio, solo se entregó. Un hombre que cuidó de todas las personas que lo rodeaban, hasta cuando él necesitaba de intensos cuidados.

De acuerdo con el propósito trascendental del Dios Altísimo, Él solo podría quitar las inmensas deudas de la humanidad si el hombre Jesús era perfecto en todas las áreas de su vida. Se usó el símbolo del cordero para exponer los aspectos psicológicos de ese hombre único.

Un cordero es un animal tranquilo. Jesús fue el más tranquilo de los seres humanos. Un cordero es dócil hasta cuando está muriendo. Jesús, contrariando a los paradigmas de la psicología, demostró en la cruz una dulzura y amabilidad inimaginables.

La visión de un filósofo de Dios

Agustín es considerado un gran filósofo. Fue un filósofo de Dios. Cierta vez dijo una frase intrigante y compleja: «Dios se hizo hombre para que el hombre se hiciera Dios».*

En ese pensamiento, Agustín quiso decir que el objetivo de Dios era que el hombre recibiera su vida por intermedio de Jesucristo y conquistara el don de la eternidad. Recibiendo la vida de Dios, tendría acceso a todas las dádivas del Ser divino, y la condición de volverse hijo de Dios sería la mayor de ellas.

En su vejez, el propio apóstol Pedro escribió en una de sus cartas que, por medio de Cristo: «Llegaseis a ser participantes de la naturaleza divina» (2 Pedro 1.4). Incomprensible o no, esa era la idea que dirigía el proyecto de Jesús y que involucraba a sus apóstoles y a sus más íntimos seguidores. ¿Cómo puede un ser humano mortal y lleno de fallas volverse hijo del Autor de la vida, y ser eterno como Él?

Marx, Hegel, Freud, Sartre y tantos otros pensadores de la psicología y de la filosofía tenían como objetivo máximo que por lo menos sus discípulos siguieran sus ideas. Pero Jesucristo pretendía que sus discípulos fueran más allá de la comprensión de sus ideas y participaran de una vida que trasciende la muerte. Con la cruz, él quería abrir una ventana a la eternidad. El Maestro de la vida tenía, sin duda, el proyecto más ambicioso que nuestra mente pudiera concebir.

---

* Bettenson, Henry, *Documentos da Igreja Cristã* [Documentos de la Iglesia Cristiana] (São Paulo: Aste/Simpósio, 1998).

La filosofía del caos y la preservación de los secretos de la memoria

Nada es tan bello ¡ni tan dramático! como el universo. No hay nada estable en el mundo físico. La organización, el caos y la reorganización de la materia y de la energía ocurren en un proceso aparentemente interminable. Es imposible evitar el caos. Está presente no solo en el mundo físico, sino también en el campo de la energía psíquica, en el alma o en la psique.

Durante años, investigué algo que muchos científicos no tuvieron la oportunidad de examinar: la teoría del caos de la energía psíquica.* Cada pensamiento y cada emoción se organizan, se desorganizan y vuelven a organizarse en nuevos pensamientos y emociones.

Aunque se intente, es imposible retener un pensamiento. Dentro de algunos segundos se deshace y pasamos a pensar en otra cosa. Si usted intenta preservar una emoción placentera, tampoco tendrá éxito. Aunque haya ganado el Premio Nobel, después de algunas horas la emoción del éxito se estará desorganizando y siendo reemplazada por otra.

El caos de la energía psíquica es inevitable y creativo. Sin él, todo sería una rutina. Cada día producimos miles de pensamientos y emociones en un proceso interminable.

La memoria debe ser reeditada y renovada constantemente, pero sus bases no pueden cruzar el caos definitivo. Si las informaciones de la memoria se desorganizaran a causa de un tumor en el cerebro, de un trauma en el cráneo, de la degeneración de células nerviosas o por el fenómeno de la muerte, no hay cómo rescatar nuestra identidad sino por

---

* Cury, Augusto J., *Inteligência Multifocal* [Inteligencia Multifocal] (São Paulo, Brasil: Cultrix, 1998).

la existencia de un Dios con un poder mucho mayor de lo que podemos imaginar.

Ese tema ocupa el centro de mis pensamientos. Un día nos moriremos. La peor cosa que la muerte nos puede hacer es dañar completamente la pantalla de nuestra memoria.

Preservar los secretos de la memoria es fundamental para que podamos resguardar nuestra conciencia y saber quiénes somos. Caso contrario, perderemos los parámetros de la inteligencia, perderemos nuestra capacidad de comprender. Así, no tendremos pasado ni historia, seremos solamente «átomos» errantes.

Si el fenómeno de la muerte destruyera sus archivos y no estuviese Dios para rescatarlos, todo lo que usted fue e hizo en esta tierra no tendría más significado, pues usted no existiría como ser consciente.

Por eso, repito lo que ya dije. Creer en Dios es más que un acto de fe, es un acto de inteligencia. Creer en Dios es creer en la posibilidad de seguir pensando, sintiendo y existiendo. Es creer en la posibilidad de reencontrarse con las personas que amamos y convivir con ellas. Es tener la esperanza de reunirnos con nuestros hijos y amigos en una existencia real e interminable. Sin la existencia de Dios, nuestra casa definitiva sería una tumba lúgubre, solitaria, fría y húmeda. Nada podría ser peor.

Todos los ateos que pasaron por este mundo amaron la libertad de pensar y de expresar sus ideas, incluso de que Dios no existe. Si estuviesen en lo correcto, con la muerte perderían lo que más amaban, la libertad de pensar, pues su memoria se destruiría y no habría Dios para rescatarla.

Cuando yo era uno de los ateos más acérrimos, no me imaginaba lo mucho que amaba mi libertad de pensar, ni comprendía que leer la memoria y construir ideas eran procesos tan delicados. Cuando estudié con detalles algunas áreas de construcción de los pensamientos, pude percibir que Dios necesitaba existir. Si Él no existiera, mis libros podrían permanecer, pero nada de lo que yo hice tendría significado para mí. No sería nada más que un montón de polvo mórbido y desorganizado.

Jesús comprendía esto que estoy escribiendo. Él hablaba de la vida eterna no como un delirio religioso sino como la necesidad de preservar la memoria y seguir la existencia.

Un día, exaltó a una mujer que derramó sobre su cabeza un perfume costosísimo. Ella sabía que él iba a morir, y sabía por qué moriría. Pero su corazón estaba tan agradecido que derramó sobre la cabeza del Maestro lo que tenía de más valor. Los discípulos, distraídos, juzgando que era un desperdicio derramar un perfume tan caro de aquella forma, criticaron su actitud. Ellos no vieron lo que la mujer vio.

El Maestro de la vida miró a sus discípulos y dijo que donde fuera predicado su evangelio se hablaría de lo que aquella mujer hizo, para memoria de ella. Aquí estaba hablando de la preservación de la memoria. Dijo que aun después de la muerte de la mujer, se comentaría cuánto ella lo había amado. Al honrar la memoria de esa mujer, él estaba resumiendo su ambicioso proyecto; un proyecto que la psicología jamás podría lograr: preservar la memoria humana y, consecuentemente, la capacidad de pensar y de tener conciencia de quiénes somos.

La memoria tiene un valor supremo para la vida eterna sobre la cual Jesús hablaba. Es la base de la inteligencia. Perderla es perderse como ser pensante. Es fundamental también en esta breve existencia. Por eso, tienen razón las personas ancianas que temen perder la memoria. Tienen razón cuando se cuidan para prevenir problemas cerebrales.

Las palabras de Jesús dejan atónitas a la física, a la psicología, a la psiquiatría y a las neurociencias. Él habló, sin dudar, sobre una vida que preserva la memoria y que trasciende el caos de la muerte. Dijo: «Yo

soy el pan de vida, si alguno comiere de este pan, vivirá para siempre»
(Juan 6.48-51).

¿Qué hombre es ese que habla con total seguridad de una vida que supera los principios de la física? ¿Qué hombre es ese, que nos trae una esperanza que la medicina nunca soñó siquiera en prometer? Él se sacrificó al máximo para transformar en realidad aquello que solo puede alcanzarse por la fe. Nunca la ciencia quedó tan perpleja ante las palabras y la trayectoria de un ser humano.

El mayor emprendedor del mundo

Los pensadores de la filosofía sufrieron por ser fieles a sus ideas; algunos fueron arrestados y expulsados de la sociedad. Pero Jesús fue más allá. Agotó toda su energía para ser fiel a su plan aceptando, incluso, ser juzgado por Dios. El análisis de sus comportamientos revela a un hombre coherente con su historia y controlado por un objetivo trascendental. Un hombre profundamente apasionado por la especie humana.

¿Tiene usted objetivos para dirigir su vida, o vive de cualquier forma? Si tiene objetivos, ¿es coherente con ellos? Algunos establecen como objetivo ser millonarios, ser artistas famosos, estar en los altos niveles de poder. Otros poseen metas más nobles. Desean ser felices, sabios, cultos, útiles a la sociedad, conquistar muchos amigos y conocer los misterios de la vida.

Muchos sueñan alto, pero no todos los sueños se materializan. ¿Por qué? Uno de los motivos es que las metas no son suficientes para dar fuerza y persistencia a los soñadores. Los obstáculos en medio del camino los hacen desanimar y desviar de su trayectoria.

El Maestro de la vida sufrió innumerables accidentes en el camino. Las personas que andaban con él eran lentas para aprender el alfabeto del amor y rápidas para deletrear el alfabeto de la discriminación y del odio. Felizmente la palabra «desistir» no existía en el diccionario de Jesús. Él jamás se desvió de su trayectoria. Siguió solo, muchas veces sin el apoyo de los amigos y sin la comprensión del mundo, pero no se detuvo.

Dormir a la intemperie, ser rechazado, traicionado, negado, herido y odiado no fueron problemas capaces de detenerlo. Una visión controlaba las entrañas de su alma. Él fue el mayor emprendedor del mundo.

La motivación de Jesús estaba bien definida. Incluso agonizando, no se lamentó. Hasta que, finalmente, por primera vez, se le oyó quejarse. Sólo una vez. ¿De qué? De que Dios lo había abandonado. Fue la más justa y dócil queja. Veamos.

La quinta frase: «Dios mío, Dios mío, ¿por qué me has desamparado?»

Cerca de la hora novena, Jesús clamó en alta voz: «Dios mío, Dios mío, ¿por qué me has desamparado?» (Mateo 27.46). El Maestro de la vida podía soportar que el mundo cayera sobre su cabeza, pero no podía soportar que Dios lo abandonara y desamparara, lo que indica que el Padre era su apoyo emocional.

En su condición de Padre, Dios no se ausentó ni por un segundo del lado de su Hijo, pero cuando asumió su condición de Juez tuvo que abandonarlo para someterlo a juicio. Como Padre, el Autor de la vida se angustiaba extremadamente al ver a su Hijo agonizando. Ahora, alejándose de él y comportándose como Juez, sufría aún más. Tendría que dejarlo morir solo, sin ningún confort, sin su presencia.

Los últimos momentos de la crucifixión son un misterio. Jesús abandonó definitivamente su condición de Hijo de Dios y asumió plenamente su condición de hombre. Dios, a su vez, dejó la condición de

Padre y asumió la condición de Juez. Solo aquel hombre clavado en la cruz podría reemplazar a la humanidad.

Tal Juez solo aceptaría que Jesús excusara a la humanidad si era capaz de amar incondicionalmente, de no ser controlado por pensamientos negativos, de ponerse a los pies de los más humildes para servirlos, de nunca usar su nombre para presionar a las personas u obtener cualquier ventaja, y que tuviera un comportamiento sublime en los brazos de una cruz. Nosotros somos imperfectos día a día. Yo ya desistí de ser perfecto. No obstante, Dios exigió un comportamiento del hombre Jesús que jamás podría exigir de cualquier ser humano.

El Maestro del amor estaba literalmente muriendo. Tenía la boca seca, el cuerpo deshidratado y ensangrentado. El volumen sanguíneo era insuficiente para ser bombeado y nutrir las células. La fatiga respiratoria empeoraba. Respiraba rápido y corto.

Los crucificados a su lado seguramente que estarían emitiendo sonidos estentóreos y horripilantes. Con todo, nadie escuchaba gritar a Jesús. Solo la ausencia del Padre lo hizo clamar. No le pidió que lo librara de la cruz, ni le pidió que lo aliviara del dolor. Solo quería su presencia. El mundo se oscureció. Su sufrimiento llegó al límite de lo insoportable.

¿Por qué no gritó: «Padre, ¿por qué me abandonaste?»? Porque sabía que su Padre nunca lo abandonaría. Si llamaba al Padre, este podría hacer su voluntad. Por eso, clamó: «Elí, Elí, ¿lama sabactani?»: «Dios mío, Dios mío, ¿por qué me has desamparado?»

Clamó a Dios y no al Padre

Una de las experiencias más dolorosas del ser humano es la soledad. Así como un ermitaño necesita de la naturaleza y de sus propias fantasías para superar la soledad, la soledad de la cruz fue el momento final de la historia de Cristo. Pero, ¿quién pidió a Dios que lo desamparara? El propio Jesús. Cuando dijo: «Padre, perdónalos porque no saben lo que hacen», autorizó a su Padre a asumir la condición de Dios y juzgarlo en lugar de los hombres.

Al disculpar a los inexcusables, el Maestro del amor asumió su condición de Cordero de Dios que eliminaría las injusticias humanas por medio de su sacrificio. Su Padre asumió la posición de Dios y Juez en los últimos momentos. El análisis es impresionante. Jesucristo se puso al lado de la humanidad y por eso perdió el único recurso que aún le daba algún alivio: la presencia de Dios.

Hacen falta palabras para describir la dimensión de las emociones de Jesús. No soy capaz de traducir ese amor. El apóstol Pablo lo considera inexplicable: «El amor de Dios excede todo entendimiento».

¿Cómo alguien puede amar tanto a quien no lo ama? Jesús estaba muriendo no solo por las mujeres que lloraban a los pies de la cruz, sino también por los verdugos que le quitaron sus ropas, lo azotaron y lo crucificaron. Estaba muriendo por hombres que lo escarnecieron, que lo cambiaron por un asesino, Barrabás, y lo consideraron el más hereje de los hombres.

He comentado en esta colección que sería imposible para la mente humana crear un personaje con las características de la personalidad de Jesús. Las mayores evidencias de que él existió no son piezas arqueológicas ni los innumerables manuscritos antiguos, sino el territorio de sus emociones, el funcionamiento extraordinario de su mente.

Después de tanto sufrimiento, Jesús debería de haber estado confundido, delirando, sin capacidad de raciocinio inteligente. Pero, por increíble que parezca, tenía tanta conciencia de la copa que estaba bebiendo que clamó a Dios como un hombre y no como su Hijo.

Ofrecía en la cruz la energía de cada una de sus células a favor de cada ser humano.

Mientras los hombres lo abofeteaban, él callaba. Mientras lo coronaban con espinas, se mantenía en silencio. Mientras lo clavaban en la cruz, gemía sin alarde. Pero cuando se sintió desamparado por Dios no vociferó, sino que lloró intensamente sin lágrimas, pues estaba deshidratado. La ausencia de Dios era una pérdida incalculable.

No un héroe, sino un hombre fascinante

Para Jesús, Dios no era un símbolo religioso o un punto de apoyo para superar sus inseguridades. Dios era real, tenía una personalidad, hablaba con él, lo alentaba con sus palabras. ¿Qué Dios es ese, tan real y tan intangible a nuestros sentidos?

Los biógrafos clásicos de Jesucristo que escribieron los cuatro evangelios fueron de una honestidad impresionante al describir los últimos momentos del Maestro. Quien tiene experiencia en el arte de interpretar puede percibir la fidelidad literaria de esos biógrafos. ¿Por qué? Porque la descripción que hicieron no busca la ostentación ni la exageración.

No maquillaron al personaje Jesús. No crearon ni a un mártir ni a un héroe religioso. Si hubiesen querido hacer de él un héroe religioso, jamás habrían reproducido en los evangelios su exclamación «Dios mío, por qué me has desamparado». Habrían escondido ese momento, pues aquí Jesús muestra el máximo de su fragilidad como hombre. No obstante, fueron honestísimos en su descripción. Jesús era una persona fascinante, pero sin Dios, tampoco tenía sustentación.

Las frases que los autores de los evangelios relataron, perturbaron la mente y generaron dudas en millones de personas a lo largo de los siglos. Hasta hoy muchos no comprenden por qué Jesús clamó por el amparo de Dios, si era el Hijo de Dios. No comprenden que en la cruz él se comportó hasta las últimas consecuencias como un hombre. Aunque generara confusión, lo que él dijo los evangelios lo reprodujeron.

Habló poco y con frases cortas. No podía proferir largas frases pues estaba jadeante, afligido y debilitado. Pero sus palabras ocultan secretos difíciles de comprender.

El mayor misterio que envuelve a ese hombre fascinante es que, varios aspectos de su biografía ya habían sido descritos siete siglos antes de su venida al mundo. La descripción detallada que el profeta Isaías hizo de su martirio desde que salió de la casa de Pilatos, se acerca a lo inimaginable. Dijo: «Y como que escondimos de él el rostro...» (Isaías 53.3).

¿Cómo no sorprenderse de un hombre a quien, además de poseer una personalidad espectacular se le profetizó su venida al mundo siglos antes? ¿Qué plan sorprendente había tras los bastidores de la cruz? La psicología busca ayudar al ser humano a ser el autor de su propia historia, una historia que raramente dura más de cien años. Pero el Maestro de la vida hizo planes para que conquistáramos una historia capaz de romper la burbuja del tiempo.

Muchos de esos eventos entran en la esfera de la fe. La fe saluda a la ciencia de lejos. Pero lo poco que podemos analizar acerca del hombre más deslumbrante que pisó esta tierra es suficiente para concluir que nuestras bibliotecas científicas solo son un poco de polvo en el espacio infinito del conocimiento.

Una cruz de madera ocultó secretos que la literatura científica no alcanza a revelar. Gemidos de dolor hicieron poesía por primera vez. Seis horas y ocho frases ocultaron un conocimiento extremadamente elevado. Los evangelios exhalan hasta hoy el perfume de la serenidad de Jesucristo.

11 | Consumó su plan: el cerebro y el alma

La sexta frase: «Tengo sed...»

Qué es más importante: un cántaro con agua o un baúl con oro? ¿Depende. En un desierto, un cántaro con agua vale más que todo el oro del mundo. Valoramos las cosas sencillas con las cuales convivimos cuando sentimos la falta de ellas.

Las sesiones de tortura y la pérdida de sangre habían deshidratado a Jesús. La caminata hacia el Calvario lo deshidrató aun más. Para completar, la crucifixión y el calor del sol hasta el mediodía sacaron el poco de agua que había en su cuerpo debilitado.

Es probable que los criminales a su lado hayan pedido agua, y tal vez se la dieron. Pero el Maestro de la vida se mantenía callado. En los últimos momentos antes de morir, manifestó la necesidad que lo estaba consumiendo. Dijo: «Tengo sed» (Juan 19.28).

Seis horas después de la crucifixión, su lengua, labios, encías y paladar tienen que haber estado seriamente afectados. La sed era inmensa. Pero él no pidió agua, solo dijo que tenía sed. Aun cuando hablaba de sus necesidades más básicas, el Maestro lo hacía con discreción, demostrando un autocontrol impresionante. Sin embargo, cuando necesitó llorar, lo hizo sin ningún recelo. De la misma forma, cuando sintió la necesidad de exponer sus sentimientos angustiantes no los disfrazó, como hacemos nosotros muchas veces, sino que los exteriorizó sin temor.

Muchos líderes espirituales, empresariales y políticos temen revelar sus angustias emocionales. Tienen recelos de hablar de sus dolores, de sus conflictos y de sus temores. Cuanto más suben en la escala del éxito, más se encierran en una burbuja de soledad. Necesitan desesperadamente de amigos y anhelan compartir sus sentimientos más íntimos, pero se callan para mantener la imagen de héroes, mientras naufragan en las aguas de las emociones.

El Maestro de maestros nunca se dejó aprisionar en una burbuja de soledad. Jamás se vio a un hombre tan seguro como él, pero al mismo tiempo tan gentil, espontáneo y humilde. Cuando necesitó hablar de su dolor, llamó a tres amigos íntimos, a pesar de saber que no tendrían muchos recursos como para consolarlo (Mateo 26.37). De esa manera nos estimuló a hablar con franqueza y a exponer nuestros sentimientos siempre con el debido respeto a los demás.

Cuando no soportó más la sed, no tuvo recelo en decirlo, aun cuando su ruego no fuera atendido. Si sus verdugos lo habían desafiado a bajarse de la cruz, seguramente lo escarnecerían si pedía agua. Pero hicieron peor que eso.

La sed, cuando no es saciada, produce una de las más grandes angustias humanas. Ha habido personas que bebieron su propia orina para saciar la sed. Cuando en el año 70 d.C. Jerusalén fue sitiada por los romanos, la gente bebía agua de las alcantarillas.

La próxima vez que beba agua, disfrute al máximo el placer de beberla. Cuando escribía esto, ya era casi medianoche. Sentí sed y pedí a mi esposa que me trajera un vaso con agua. A pesar de la hora, ella gentilmente me lo trajo, sin mostrar ninguna molestia. Al beber, me di cuenta que el agua no solo había saciado mi cuerpo sino también refrescado mi alma. Me acordé de Jesús.

Al manifestar que tenía sed, los soldados, sin ninguna piedad, no le dieron agua, sino vinagre empapado en una esponja (Juan 19.29). El ácido acético penetró en cada fisura de la boca de Jesús, provocando un dolor indescriptible.

Era el momento de desistir y de olvidarse de la humanidad. Sus verdugos sentían placer en verlo contraerse de dolor. Pero Jesús sufrió callado.

Hemos visto que las emociones controlan la lectura de la memoria y, consecuentemente, la capacidad de pensar. Cuando estamos bajo la presión de un dolor, cerramos las áreas de lectura de la memoria y reaccionamos por instinto. Pero en la mente de Jesús el amor abrió las ventanas de la memoria y lo condujo a pensar antes de reaccionar. Nunca un hombre reunió en un mismo universo el mundo de la razón y el mundo de la emoción. En los límites de los instintos, él reaccionó con el máximo de inteligencia. Si los padres de la psicología hubieran estudiado al hombre Jesús, se hubieran quedado asombrados.

La séptima frase: «¡Está consumado!»

Los discípulos de Jesús no entendían su muerte. Era inexplicable que un hombre tan fuerte y que hablaba de Dios en la forma que solo él sabía hacerlo, estuviese muriendo como el más miserable de los seres humanos. Algunos estaban escondidos y amedrentados en Jerusalén, otros tal vez estuviesen a algunos cientos de metros del Calvario, contemplando de lejos el escenario de la cruz.

Hoy, distantes de los acontecimientos, es más fácil entender el sentido de aquel espectáculo, pero en aquellos tiempos era casi imposible. Todos lloraban la muerte de Jesús y cada lágrima era una gota de duda.

¿Quién podría imaginar que el Autor de la vida estuviese asistiendo, inconsolable, a la muerte de su Hijo? ¿Quién podría comprender que, por primera vez en la historia, un padre viera morir a su hijo y, teniendo poder para rescatarlo, no lo hiciera? ¿Quién podría aceptar que una persona fuerte e inteligentísima se estuviese muriendo como el más frágil de los hombres?

El apóstol Pablo tenía razón cuando escribió que la palabra de la cruz es locura para los que no la comprenden (1 Corintios 1.18). Jesús planeó su vida y su muerte. Murió de la forma como lo había planeado. Ya había tenido antes amenazas de muerte pero había sabido esquivarlas de forma increíble. Y cuando llegó el momento, simplemente dijo a sus seres íntimos: «Ha llegado la hora», y quedó aguardando la escolta.

El Maestro de la vida consiguió reunir dos características nobilísimas y casi irreconciliables de la personalidad: la espontaneidad y una extraordinaria capacidad para planear.

Por lo general, las personas excesivamente espontáneas no tienen objetivos ni espíritu emprendedor. No planean su futuro. Por otro lado, las personas que planean demasiado su vida corren el riesgo de quedar rígidas, estresadas y llenas de manías. ¿En cuál extremo está usted?

Cuando el vinagre quemó su boca, haciéndolo gemir de dolor, Jesús sabía que estaba en los segundos finales de su martirio. Estaba seguro de haber pasado por el tribunal del más importante juez de todo el universo. Mientras su boca ardía, un alivio se produjo en su alma.

Entonces, inesperadamente, dio un grito de victoria. Dijo: «Consumado es» (Juan 19.30). Había ganado la mayor maratón de todos los tiempos. Era hora de descansar.

La octava frase: «Padre, en tus manos encomiendo mi espíritu...»

Al decir que todo estaba consumado, él declaró en alta voz: «Padre, en tus manos encomiendo mi espíritu...» (Lucas 23.46). Le ruego que ponga atención a los detalles de esa frase y a las posibilidades que ella nos abre. Aquí, Jesús no clama a «Dios», sino al «Padre». Después de haber pasado por el más severo juicio, Dios regresa a su posición de Padre, y él, a la de Hijo. Es a su Padre y no a Dios a quien él entrega su espíritu.

Al comienzo de la crucifixión, el Padre y el Hijo entonaron juntos el más profundo cántico de aflicción. Sufrieron el uno por el otro. En la segunda mitad, el Padre, a pedido consciente del Hijo, se vuelve en su Dios y lo juzga a favor de la humanidad. Dios lo desampara. El hombre Jesús soporta la mayor sucesión de sufrimientos.

Al cumplir su plan, el Hijo está en condiciones de realizar dos grandes tareas. Primero, ser el gran abogado de la humanidad (1 Juan 2.1). Y segundo, regresar a la relación íntima con su Padre. La única divergencia que hubo entre ellos en toda la historia ya estaba solucionada. Juntos, los dos construyeron el mayor edificio del amor y de la inteligencia.

Al entregar su espíritu al Padre, Jesús abrió la más importante ventana del universo: la ventana hacia la eternidad. Reveló que espíritu no es lo mismo que cerebro, que poseemos algo más allá de los límites del mundo físico, del metabolismo cerebral, algo que llamamos espíritu y alma.

La última frase de Jesús revela los mayores enigmas de la ciencia. La última frontera de la ciencia consiste en saber exactamente quiénes somos, revelando los límites y las relaciones entre el alma y el cerebro.

¿Cuál es la naturaleza de la soledad? ¿De qué están hechas la alegría y la ansiedad? ¿Cuál es la fibra que confecciona los pensamientos? ¿Son las ideas el producto de reacciones químicas? Y la conciencia humana, ¿es fruto del metabolismo cerebral o posee un campo de energía metafísico más allá del mundo físico? Estas indagaciones envuelven secretos que interrogan a la ciencia.

No piense, como ya comenté, que los grandes secretos están en el espacio. Están dentro de cada uno de nosotros, en el mundo de las ideas y de los pensamientos que inician a cada momento un espectáculo único en el palco de nuestras mentes. La ciencia, en su nivel actual, no consigue explicar al ser humano. Lo que tenemos son innumerables teorías desconectadas en la psiquiatría, en la psicología, en la neurociencia que generan más dudas que un entendimiento real.

En el mundo científico existe una corriente humanista de investigadores que afirma que el alma no es el cerebro. Afirma la existencia de un campo de energía emocional e intelectual que no proviene solo del metabolismo cerebral. Muchos psicólogos, psiquiatras y filósofos se hacen parte de esa corriente.

Hay otra corriente, llamada organicista, que cree que el alma y el espíritu son simplemente químicos. Según ella, pensar y emocionarse solo son fruto de reacciones químicas cerebrales. Muchos respetados organicistas estudian con ahínco la fisiología, la anatomía, el metabolismo y las sinapsis cerebrales (comunicación entre las neuronas).

Hay una tercera corriente que es la mayor de todas y que se queda en medio del camino. No sabe decir si el alma es química o no, pues no considera ese tema. Sus adeptos ejercen sus funciones como psicólogos, psiquiatras, sociólogos y educadores, sin entrar en el área de las ideas filosóficas.

Los humanistas critican el uso exclusivo de medicamentos psicotrópicos. Y los organicistas creen que solamente esos medicamentos sanan las enfermedades psíquicas, pues los disturbios, según ellos, provienen de errores metabólicos.

No hace mucho tiempo, un paciente que estaba en depresión me dijo que su psiquiatra anterior le impedía buscar una psicoterapia, afirmando que su problema solo podría ser sanado con medicamentos.

Muchos psiquiatras organicistas usan determinadas teorías como si fueran verdades absolutas; sin embargo, ni los científicos que las elaboraron las consideraron de esa forma. Pero, sus discípulos, desconociendo los límites de las teorías, hacen de ellas verdades irrefutables. Por eso afirman que solamente medicamentos antidepresivos o tranquilizantes solucionarán la depresión, el síndrome del pánico, el trastorno obsesivo.

En la ciencia, los peores enemigos de una teoría siempre fueron los discípulos radicales. Por usarla sin criterios, distorsionan su valor y producen opositores igualmente radicales. Ese radicalismo también ocurre entre los humanistas. Los mayores enemigos de Marx y Freud no fueron los de afuera, sino los propios marxistas y freudianos radicales. Ellos usaron la teoría marxista y la teoría psicoanalítica como verdades absolutas e irrefutables, volviéndose así incapaces de abrir sus pensamientos y corregir sus rutas.

Si usted fuese radical en su familia, en su trabajo, en su forma de ver el mundo, estaría paralizando su capacidad de pensar y ganando muchos opositores aunque estos no se manifiesten. El radicalismo es una trampa contra nosotros mismos.

Los fariseos eran radicales. Cuando dieron muerte a Jesús creían que estaban prestando culto a Dios. Jesús fue el más antirradical de todos los seres humanos. No quería seguidores ciegos sino personas especialistas en el arte de pensar, de amar y de incluir. El discurso de Jesús acerca del perdón, del amor, de la paciencia, la compasión y la solidaridad es la más eficiente vacuna contra el radicalismo. Si esas características fuesen trabajadas un poco por los científicos, daríamos un brinco tremendo en la ciencia.

Los humanistas radicales tienden a caer, a veces, en el misticismo, supervalorando fenómenos que solo ellos alcanzan a percibir y, consecuentemente, sufriendo el riesgo de perderse en medio de ideas imprecisas. Y los neurocientíficos radicales se inclinan a caer en el cientificismo, solo admitiendo fenómenos controlados y observables, paralizando así su inteligencia por adoptar ideas rígidas. Los humanistas quieren analizar al ser humano dentro del mundo, y los neurocientíficos quieren aprisionarlo dentro de un laboratorio.*

Los límites y las relaciones entre el alma y el cerebro

Todas esas corrientes de pensamiento existen porque somos una especie compleja. De hecho, la última frontera de la ciencia es conocer nuestro origen. Descubrimos billones de galaxias, pero no sabemos

---

* Durant, Will, *Historia de la filosofía* (Trad. española Joaquín Gil: Buenos Aires, 1952).

quiénes somos. Desconocemos cuál es la naturaleza que nos hace ser seres que piensan y sienten.

Entonces, ¿es el alma algo químico o no? ¿Cuál de las dos corrientes de pensamiento es la correcta, la de los pensadores humanistas o la de los neurocientíficos organicistas?

Las dos poseen verdades. Escribí, durante años, una importante y larga tesis analizando los diversos fenómenos que ocurren en el proceso de construcción de pensamientos y que evidencian que el alma no es química. A pesar de no ser química, ella mantiene una relación tan intensa e interactiva con el cerebro que hace que parezca ser química. Tal vez un día publique esa tesis.

El *homo sapiens* es una especie más compleja de lo que imaginamos. Pensar, sentir soledad, sentir alegría, confort, amor, son fenómenos que sobrepasan los límites de la lógica del metabolismo cerebral. En ese sentido, los pensadores humanistas están correctos. Pero, si consideramos que el alma cohabita, coexiste e interfiere con el cerebro de forma tan estrecha, verificaríamos que los neurocientíficos también están en lo correcto, pues un error metabólico puede provocar enfermedades psíquicas.

Al estudiar el proceso de construcción de los pensamientos, me di cuenta de que la lógica del cerebro no explica completamente el mundo ilógico de las ideas y de las emociones. Por eso concluí, después de miles de páginas escritas, que en realidad cada ser humano es un baúl de secretos incalculables. Tenemos un campo de energía psíquica más complejo que todos los fenómenos del universo.

La construcción de un simple sentimiento de culpa o de tristeza posee una complejidad inimaginable, capaz de sobrepasar la lógica del metabolismo cerebral.

La próxima vez que usted esté ansioso o angustiado, admire esos sentimientos. No tenga temor de sus dolores emocionales. Sepa que ellos son fruto de reacciones de inexplicable sofisticación y belleza.

El apoyo científico para la última y enigmática frase de Cristo

Por no comprender la relación estrecha, íntima y multidireccional del alma con el cerebro, los científicos han vivido miles de engaños y dudas acerca de quiénes somos. Nunca se olvide de que usted es una caja de secretos. Somos, en realidad, complejos. Nunca pierda su autoestima, comprenda que usted no es un simple ser humano, sino un ser humano inexplicable.

Al estudiar la mente humana, comprendí que la construcción de la inteligencia y la transformación de la energía psíquica poseen fenómenos y variables tan complejos que no es posible explicarlos sin la existencia de un gran Creador. El mundo de las ideas y de las emociones posee fenómenos ilógicos que no se explican por los fenómenos del mundo físico.

Todo mi abordaje en estos últimos puntos tuvo como objetivo dar apoyo científico a la última frase de Jesucristo. En ella, él hace la separación entre el espíritu y la materia. Entre el alma y el cerebro. Cuando entregó su espíritu al Padre, él creía plenamente que su cuerpo iba para una tumba en la piedra, pero que su espíritu volvería al Autor de la vida.

La mayor duda de la humanidad es si existe o no vida después de la muerte. La fe afirma que existe, la ciencia se calla porque no tiene respuesta. Todavía, en la teoría que desarrollé, logré encender, tal vez por primera vez, una luz para la ciencia.

Si las evidencias científicas dicen que la construcción de pensamientos sobrepasa los límites de la lógica del cerebro, entonces hay un campo de energía metafísico que cohabita, coexiste e interfiere con el cerebro, pero no es el cerebro. Por lo tanto, cuando el cerebro muere y se descompone, este campo de energía, que llamamos alma y que incluye al espíritu humano, será preservado del caos de la muerte. Si eso fuese verdad, es la mejor noticia científica de los últimos siglos.

Jesús no necesitaba de esa información. Él decía poseer la vida eterna. Creía, sin ninguna sombra de duda, que vencería a la muerte. Había sufrido mucho, había estado lejos de su casa y de su Padre, pero ahora regresaba a él.

Respetado y amado en todo el mundo

Hay un sinnúmero de facultades de teología en el mundo, pertenecientes a distintas religiones, que estudian a Jesucristo. Las respeto a todas y a las religiones que profesan. Ellas están encargadas de hacer que sus alumnos conozcan a Jesucristo y a sus enseñanzas.

Algunos de los alumnos hacen maestrías y doctorados. Pero hay que admitir que, mientras más hablamos de Jesucristo y penetramos en los rincones de sus pensamientos y en las implicaciones complejas de sus palabras, más lo admiramos y más nos damos cuenta que lo conocemos muy poco.

Juzgo que no tengo mucho mérito como escritor, pues creo que es el encanto del personaje que describo en los libros de esta colección que explica su éxito. Los libros han sido usados por personas de todas las religiones y han sido adoptados en diversas escuelas de nivel fundamental y medio, así como también en muchas universidades, incluso de teología.

Para comprender mejor la magnífica personalidad de Jesucristo, la teología necesita estudiar la psicología de su dimensión humana.

Billones de personas de innumerables religiones se dicen cristianas. Las que no siguen a Jesucristo, como los confucionistas, los budistas, los islámicos y los hindúes, lo admiran sobremanera. Jesucristo es universalmente amado y admirado.

Él se sacrificó por toda la humanidad y no por un grupo de religiones específicas. Sus enseñanzas, su inteligencia suprema, su sabiduría, su propósito y su plan respetan la cultura de las personas y son capaces de penetrar en el área de las emociones y del espíritu de cada una de ellas, volviéndolas más felices, estables, contemplativas, inteligentes.

Qué significa regresar al Padre

La última frase de Jesús oculta un gran enigma. De los millares de frases que él dijo durante su vida, esa es sin duda una de las más enigmáticas. ¿Qué significa entregar su espíritu al Padre? ¿Qué regreso es ese?

Para poder comprender las palabras contenidas en su más larga y compleja oración, tendremos que volver en el tiempo a veinte horas antes de su muerte (Juan 17). Al terminar la Última Cena, él salió de la presencia de los discípulos e hizo una oración sorprendente. En ella declaró por primera vez su identidad. Los discípulos quedaron confundidos, pues el Maestro nunca había orado de aquella forma.

Alzando los ojos al cielo, comenzó su oración. Mirar al cielo sugiere que estaba mirando no a las estrellas, sino a otra dimensión fuera de los límites del tiempo y del espacio, más allá de los fenómenos físicos.

Comenzó asumiendo con franqueza que no era simplemente un hombre, sino que, además de hombre, era el Hijo de Dios. Que era eterno, que habitaba en otro mundo y que poseía una naturaleza ilimitada, sin las restricciones físicas de su cuerpo. En su oración, además, reveló algo perturbador. A pesar de tener poco más de treinta y tres años, dijo: «Padre, glorifícame tú al lado tuyo, con aquella gloria que tuve contigo antes que el mundo fuese» (Juan 17.5).

La palabra griega usada en el texto para «mundo» significa «cosmos». Cristo declaró que antes que existiera el «cosmos» físico, él estaba junto con el Padre en la eternidad.

Hay billones de galaxias en el universo, pero antes que hubiera el primer átomo y la primera onda electromagnética él ya existía. Dijo que su historia ultrapasaba los parámetros del espacio y del tiempo contenidos en la teoría de la relatividad de Einstein.

Al decir esas palabras, Jesús no deliraba, pues era sabio, lúcido, coherente y sereno en todo lo que hacía. Pero, ¿cómo puede alguien afirmar que ya existía en el principio del principio? ¿Cómo puede alguien declarar que estaba vivo en el inicio antes del inicio, antes de cualquier principio existencial? Lo que ningún ser humano tendría el valor y la capacidad de decir acerca de sí mismo, ¡Jesucristo lo afirmó con la más alta propiedad!

El tiempo es el «señor» de la duda. El mañana no pertenece a los mortales. No sabemos si dentro de una hora estaremos vivos. Sin embargo, Cristo fue tan osado que argumentó que estaba más allá de los límites del tiempo. El pasado, el presente y el futuro no lo limitaban. Las respuestas del Maestro eran cortas, pero sus implicaciones dejan asombrado a cualquier pensador.

El Maestro de la vida sigue siendo, en varios aspectos, un gran misterio. ¿Cómo puede un hombre tener, a pocas horas de su muerte, un deseo ardiente de rescatar su forma indestructible, sin las restricciones, imperfecciones, angustias y dolores que poseía antes del «cosmos» físico? ¿Cómo puede alguien que está muriendo en una cruz declarar, en su último minuto de vida, que entrega su espíritu a su Padre, afirmando así que el caos de la muerte no lo destruirá para siempre?

Ahora es más fácil comprender por qué, a pesar de haber muerto en la cruz hace dos mil años, Jesús aún es el más comentado y conocido de todos los seres.

Después de haber vivido y caminado como hombre por el árido suelo de esta existencia y de haber pasado seis largas horas en la cruz sufriendo agonías terribles, regresó a casa.

La vida se hizo más agradable y suave después de su venida. La humanidad conquistó nuevos rumbos. Una revolución silenciosa comenzó a ocurrir en el alma y en el espíritu de millones de personas. Muchas aún hoy se emocionan cuando navegan por su historia.

12 | Murió en la cruz, pero permaneció vivo en el corazón de los seres humanos

Un grito de victoria: muere el hombre más
espectacular de la historia

Los textos dicen que cuando se entregó a su Padre, Jesús lanzó un grito inesperado (Mateo 27.50). Un hombre muriendo en esas circunstancias no tiene fuerzas para gritar. Pero su misión era tan compleja y exigía tanto de él que al cumplirla, lanzó un grito de victoria.

Venció a la ansiedad como ningún psicólogo lo haría. Venció a la depresión como ningún psiquiatra lo haría. Venció a la impaciencia como ningún filósofo lo haría. Venció a los desafíos de la vida como ningún empresario lo haría. Venció al orgullo y a la autosuficiencia como ningún educador lo haría. Paseó por tormentas emocionales como quien camina en tierra firme.

Venció al miedo a la muerte, al vejamen público, a la inhibición social, a la incomprensión del mundo, a la falta de respeto de los religiosos, a la arrogancia de los políticos, al terror nocturno, a las frustraciones. Fue el ser humano más tranquilo que haya pasado por esta tierra. Fue el más resuelto, el poeta más grande de la emoción, el maestro más grande de la sabiduría y el más afinado Maestro de la vida. La sinfonía que tocó y las lecciones que nos dio no tienen precedentes en la historia.

No solo fue grande a los ojos de aquellos que hasta hoy no tuvieron la oportunidad de estudiarlo, o de las personas que, como los fariseos, son dominadas por sus paradigmas y conceptos rígidos.

Después de haber vencido todo, no había otra cosa que hacer sino conmemorar. Conmemoró muriendo. Durmió en paz.

En el momento de su muerte ocurrieron algunos fenómenos físicos (Mateo 27.51-53). El centurión, el jefe de la guardia que lo crucificó, al ver su fin, se dobló a sus pies admitiendo: «Verdaderamente este era Hijo de Dios» (Mateo 27.54; Lucas 23.47). Fue la primera vez en la historia en que un soldado de alto rango se inclina a los pies de un miserable crucificado.

El centurión observó todos los comportamientos de Jesús y guardó todo en su memoria. Cuando lo vio morir consciente, diciendo las palabras que hemos comentado, su corazón se abrió descubriendo algo extraordinario. Descubrió un tesoro escondido detrás de la cortina del cuerpo débil y abatido de Cristo. ¿Cómo puede un cuerpo débil y dilapidado inspirar a hombres tan fuertes?

Jesús descansó tranquilo, sin tener ninguna deuda pendiente con nadie. Tal vez haya sido la primera persona en la historia que cierra los ojos para la existencia sin cicatrices en la memoria. ¡Nunca alguien fue tan libre en los terrenos consciente e inconsciente de su personalidad! El mundo conspiraba contra él, pero Jesús no tuvo enemigos en su alma.

La historia se dividió

María, la madre de Jesús, lloraba desconsoladamente. Juan intentaba animarla, aunque también él mismo estaba inconsolable. La tomó en sus brazos y la condujo por un camino sin rumbo. Había perdido su brújula.

María Magdalena no quería irse. Era como si el cuerpo sin vida de Jesús le perteneciera. Puso su rostro sobre los pies de Jesús y permaneció en el Calvario.

A la multitud paralizada le tomó tiempo retirarse.

Jesús murió y descansó de sus dolores. La muerte le dio tregua de las aflicciones. Antes de haber sido arrestado, dijo en el jardín de Getsemaní: «Mi alma está muy triste, hasta la muerte» (Mateo 26.38). El jardinero de la vida descansó.

Necesitamos reflexionar acerca de los conflictos de la humanidad. A pesar que hoy día es más culta, está más ansiosa e infeliz. Posee más tecnología, pero menos sabiduría y menos habilidad para lidiar con pérdidas y frustraciones. Estamos sin referencia, enfermando colectivamente.

Por la forma como Jesús controló sus pensamientos, protegió sus emociones y enfrentó los complejos papeles de la historia, entendemos que es capaz no solamente de asombrar a cualquier investigador de la psicología, sino también de ayudar a prevenir las más malignas enfermedades psíquicas de las sociedades modernas.

La psicología y la psiquiatría tienen mucho que aprender de la personalidad del hombre Jesús. Él es la mayor enciclopedia de conocimientos acerca de las funciones más importantes de la inteligencia y de la salud de la emoción. Lo que él vivió y habló en los últimos momentos de su vida no tiene precedente histórico. Es la más bella historia de la literatura mundial.

Un día, nosotros también moriremos. ¿Quién se acordará de usted y de mí? ¿Qué semillas plantamos para que puedan germinar en los que se quedan? Algunas personas son totalmente olvidadas porque vivieron pero no sembraron. Otras se volvieron memorables. Se van, pero sus actitudes, su cariño, su tolerancia permanecen vivos en la memoria de los que se quedan.

El gran amigo de la mansedumbre fue tan extraordinario, que partió por la mitad la violenta historia de la humanidad. Jesús murió, pero lo que él fue e hizo hicieron de él simplemente un Maestro Inolvidable.

Al morir, parecía el más derrotado de los seres humanos. Fue abandonado por sus amigos y destruido por sus enemigos. Pero su historia y su muerte fueron tan magníficas que él simplemente dividió la historia de la humanidad. A partir de la existencia de Jesús, esta se empezó a contar a.C. (antes de Cristo) y d.C. (después de Cristo).

Su tranquilidad y generosidad se transformaron en gotas de rocío que humedecen el seco suelo de nuestros sentimientos. El mundo nunca más fue el mismo después que el Maestro del amor pasó por aquí. Hace muchos siglos, pero parece que fue ayer.

La vida, un espectáculo imperdible

Cuando un sembrador entierra una semilla, se entristece por algunos momentos pero se alegra por lo que eso implica para el futuro. Se entristece porque nunca más verá aquella semilla pero se alegra porque renacerá multiplicándose en miles de nuevas semillas que nacerán de ella.

El Maestro del amor sembró las más bellas semillas en el árido suelo del alma y del espíritu humanos. Las cultivó con sus aflicciones y las regó con su amor. Fue el primer sembrador que dio la vida por sus semillas.

Finalmente, ellas germinaron y transformaron las emociones y el arte de pensar en un jardín con las flores más bellas.

La vida se hizo más alegre y más liviana después que nos enseñó a vivir. Jesús se hizo famoso y lo siguieron en forma apasionada, pero también lo persiguieron como el más vil de todos. Supo ser alegre y supo sufrir. Hizo de la vida humana una fuente de inspiración. Escribió recitales con su alegría y poemas con su dolor.

Tuvo el mayor sueño y el mayor objetivo de todos los tiempos. Tal vez fue la única persona que logró alzar los ojos y ver los campos verdes cuando solo había piedras y arena delante de él. Él nos enseñó que hay que tener objetivos, y nos animó a soñar con esos objetivos. Mostró que podemos romper las cadenas del miedo y las amarras de nuestras dificultades. Puso colirio en nuestros ojos y nos reveló que ningún desierto es tan árido y tan largo que no pueda cruzarse.

Usó la energía de cada una de sus células para vivir intensamente cada momento y alcanzar su gran objetivo. Su historia estuvo marcada por grandes turbulencias, pero él se consideró privilegiado como ser humano. La cruz fue la expresión solemne de su amor por la vida. Hacen falta recursos literarios para expresar su grandiosidad.

Jesús fue un Maestro de la vida. Transformó las dificultades y los problemas en herramientas para afinar los instrumentos de la inteligencia y de las emociones. Dirigió la orquesta sinfónica de la sabiduría en una tierra donde se cantaba la música de las ideas preconcebidas y de la rigidez.

Él tenía todos los motivos del mundo para desistir y para desanimarse. Pero nunca se dejó vencer por la vida, ni dejó de encantarse del ser humano. Para él, la vida que latía en los niños, en los adultos y en los ancianos era espléndida. No obstante saber que no somos ni gigantes ni héroes, nos amó con todas sus fuerzas.

Jamás olvide que, independientemente de cual sea su religión o filosofía de vida, la trayectoria de Jesucristo en la tierra revela la más bella historia de amor por usted. Podemos tener todos los defectos del mundo, pero aun así, le somos especiales. Tan especiales, que las dos personas más inteligentes y poderosas del universo, el Autor de la vida y su Hijo, cometieron locuras de amor por nosotros.

Padre e Hijo son apasionados por la humanidad. Sus actitudes no caben en los libros de psicología, filosofía, derecho y sociología. Sobrepasan los límites de nuestra comprensión.

¡Nunca nuestras vidas valieron tanto! ¡Nunca nuestras vidas fueron rescatadas por un precio tan alto! ¡Cada ser humano fue considerado una obra de arte única, inigualable, exclusiva, singular, excepcional!

La historia de Jesucristo es el laboratorio más grande de autoestima para la humanidad. Aunque tengamos dificultades, lloremos, nos sintamos derrotados y decepcionados con nosotros mismos y con el mundo, seamos incomprendidos y encontremos obstáculos gigantescos por delante no podemos dejar de concluir que ¡vale la pena vivir!

Por eso, deseo que usted nunca desista de caminar. Caminando, no tema tropezar. Tropezando, no tema herirse. Hiriéndose, tenga valor para corregir algunas rutas de su vida, pero no piense en retroceder. Para no retroceder, nunca deje de amar el espectáculo de la vida, porque, al amarlo, aunque el mundo se desmorone, usted jamás desistirá de caminar.

La vida es, simplemente, un espectáculo imperdible, una aventura indescriptible.

Apéndice
La destrucción
de Jerusalén en 70 d.C.

Q uien comenta acerca de la destrucción de Jerusalén es el historia-
dor Flavio Josefo,* que vivió entre los años 37 y 103 d.C. Su padre
era del linaje de los sacerdotes, y su madre del linaje real hasmoneano.
Tenía una vasta cultura y además del hebreo hablaba el griego y el latín.
Pertenecía al grupo de los fariseos. Cuando comenzó la revuelta de los
judíos contra los romanos en 66 d.C., más de treinta años después de la
muerte de Jesucristo, Josefo fue convocado para dirigir las operaciones
contra Roma, en Galilea.

El Imperio Romano crecía con cada década. Mientras más crecía, el
aparato del estado aumentaba y necesitaba de más alimentos y dinero
para financiarlo. La obsesión de los césares por dominar el mundo no era
solo incentivada por la codicia sino también por una necesidad de super-
vivencia. Mientras más tierras dominaban, más impuestos cobraban.

Josefo logró algunas victorias contra el ejército romano, pero terminó
siendo derrotado y encarcelado. Quien inició la lucha contra Jerusalén

---

* Josefo, Flavio, *A historia dos Hebreus* (Rio de Janeiro: CPAD, 1990).

fue el general Vespasiano, reemplazando posteriormente en el imperio a Nerón. Cuando Josefo fue derrotado en Galilea, pasó a colaborar con Vespasiano y después con su hijo Tito, quien asumió el lugar de su padre en la lucha contra la ciudad.

La rebelión de Jerusalén contra Roma surgió en un período lamentable, en la época de la fiesta de la Pascua. Miles de judíos habían venido de muchas naciones para la fiesta. Fueron tomados por sorpresa y no se imaginaban la tragedia que los aguardaba.

Dos líderes judíos ambiciosos, Juan y Simón, comenzaron, entre ellos, una especie de guerra civil dentro de la ciudad. Empeñados en debilitar las fuerzas del otro, saqueaban las casas y quemaban los alimentos. El ataque de los romanos los hizo unirse. Aprovechando la multitud del pueblo en la fiesta de la Pascua los incitaron contra el Imperio Romano. Aquel fue un hecho de consecuencias desastrosas. Se encerraron en Jerusalén sin tener provisiones. Vez tras vez, Tito intentaba franquearlas sin resultado. De acuerdo con Josefo, el general romano desmerecía esos muros a la vez que exaltaba la fuerza de sus ejércitos. Decía: «Los romanos son el único pueblo que entrena a sus ejércitos en tiempos de paz».

Mientras cercaba Jerusalén y privaba al pueblo de sus necesidades básicas, como alimento y agua, Tito enviaba constantes mensajes conminando a los revoltosos para que se rindieran. Jerusalén luchaba por sus derechos, por su libertad, y Roma luchaba por su orgullo imperial. El derecho del pueblo de Israel de ser libre y dirigir su propio destino jamás podría ser negado por el dominio de cualquier imperio. Josefo, que disfrutaba de gran prestigio ante Tito, intentó persuadir a los líderes judíos a que se rindieran, diciendo que aquel intento era una locura. Quería evitar la guerra y la masacre, pero no logró convencerlos.

El hambre y la sed iban en aumento constante. Algunos judíos, los más fuertes, saqueaban a los más débiles. Los cadáveres estaban diseminados por toda la ciudad, produciendo malos olores y diseminando epidemias. Por fin, el ejército romano llevó a cabo una de las mayores masacres de la historia.

Jerusalén fue destruida en el año 70 d.C. Entre hombres, mujeres y niños murieron cerca de un millón cien mil personas víctimas de la guerra y de sus consecuencias. El suelo de la bella ciudad absorbió la sangre y las lágrimas de muchos inocentes. Una vez más, la historia humana se manchó con atrocidades terribles.

El general Tito construye el Coliseo

Después de la guerra, Josefo se fue con Tito a Roma siendo recibido por su padre con grandiosa pompa. En sus escritos, Josefo se refiere a Tito como «el valiente general que después de ver la destrucción de Jerusalén se lamentaba de ella...».

En muchos de sus escritos, Josefo lamentó profundamente la destrucción de su pueblo pero en otros exaltaba al destructor de Jerusalén. Por eso fue considerado por los judíos como un oportunista. Es probable que sus textos hayan pasado por la censura de Roma. Si así fue, tal vez los elogios no hayan sido parte de sus reales intenciones.

Josefo fue, eso sí, un interlocutor de Roma para evitar la guerra. Él estaba consciente de que oponerse al imperio era un suicidio. Pero, a pesar de todos sus ruegos, no tuvo éxito. El Imperio Romano destruyó completamente la ciudad de Jerusalén. Tito llevó noventa y siete mil prisioneros a Roma. Después de la muerte de Vespasiano, también se volvió emperador, pero por poco tiempo.

Durante el imperio de su padre y después de la destrucción de Jerusalén, Tito construyó una de las más bellas maravillas del mundo, el Coliseo de Roma. Es probable que la sangre y el sudor de los judíos cautivos hayan sido usados en esa construcción. Las inmensas piedras torneadas, pesando toneladas, fueron milimétricamente adosadas para producir el templo de los gladiadores. Quien tiene la oportunidad de conocer esa magna construcción, se encanta de la arquitectura y la ingeniería tan adelantada en tiempos tan lejanos.

El dolor y la miseria humana siempre excitaron el territorio de la emoción de aquellos que no pulen su inteligencia con las más nobles funciones. El Coliseo fue un teatro donde la euforia y el miedo llegaron hasta las últimas consecuencias. Los hombres luchaban entre sí y con fieras hasta la muerte. La multitud deliraba en la platea, mientras en el escenario, una minoría era transformada en animales. El dolor sirvió de alimento para una emoción que no sabía amar ni valorar el espectáculo de la vida.

Josefo habla de Jesucristo

Josefo es considerado uno de los más grandes historiadores de todos los tiempos. Sus escritos llegaron a ser una de las más ricas fuentes de información sobre los pueblos antiguos, sobre el Imperio Romano, sobre los otros imperios y sobre el pueblo judío.

Hace relatos importantes sobre Augusto, Antonio, Cleopatra, los emperadores Tiberio, Calígula, Claudio, Nerón, Vespasiano y Tito, sobre algunos reyes de Siria y otros personajes. Su contribución para la comprensión del mundo antiguo fue muy grande. A pesar de haber sido del linaje de los fariseos, también hizo una descripción sintética, pero positiva y sorprendente, de la vida de Jesús y de los personajes involucrados, como el rey Herodes (el que mandó matar al niño Jesús), Arquelao y Pilatos. Sus escritos dan fe de la veracidad de la historia de diversos textos de los evangelios.

Los relatos directos y sintetizados acerca de Jesús muestran cómo él provocaba perplejidad y exhibía grandeza en sus actitudes y palabras. Josefo describe así el surgimiento de Jesús:

«Era en el tiempo de Pilatos: un hombre sabio, si es que podemos considerarlo simplemente como un hombre, tan admirables eran sus obras.

»Enseñaba a los que tenían placer en ser instruidos en la verdad, y fue seguido no solamente por muchos judíos, sino por muchos gentiles. Era el Cristo. Los más ilustres de nuestra nación lo acusaron delante de Pilatos, y este lo hizo crucificar.

»Los que lo habían amado durante su vida, no lo abandonaron después de la muerte. Al tercer día se les apareció resucitado y, como los santos profetas lo habían predicho, haciendo muchos milagros y maravillas. Es de él que los cristianos, que vemos aún hoy, obtuvieron su nombre».

Josefo consideraba a Jesús un sabio, además de un maestro cautivante pues provocaba en las personas el placer de ser instruidas. También decía que Jesús había hecho obras admirables y que era más que un ser humano. Tal vez por eso haya dejado registrado el concepto según el cual él era el Cristo. Su argumento acerca de Jesús como el Cristo entra en la esfera de la fe que, como he dicho, es marcada por creencias personales.

Si leemos las obras de Josefo, no hay señal clara de que se haya tornado un cristiano. Sin embargo, por haber tenido la osadía de considerar a Jesús como el Cristo, solo treinta o cuarenta años después de su crucifixión, y de relatar que él había superado el caos de la muerte por la resurrección, muestra que su vida había pasado por profundas reflexiones existenciales. Tal vez no haya comentado más acerca de Jesús y de los cristianos porque estos eran intensamente perseguidos en su época.

Acerca del autor

Augusto Cury es médico, psiquiatra, psicoterapeuta y escritor. Posee un posgrado en Psicología Social, y desarrolló la teoría de la inteligencia multifocal, acerca del funcionamiento de la mente y el proceso de construcción del pensamiento.

Sus libros ya vendieron más de dos millones de ejemplares en Brasil y en más de cuarenta países, destacándose entre ellos: *A ditadura da beleza e a revolução das mulheres* [La dictadura de la belleza y la revolución de las mujeres]; *O Futuro da humanidade* [El futuro de la humanidad]; *Padres brillantes, maestros fascinantes; Nunca renuncies a tus sueños; Tú eres insustituible,* y la colección *Análisis de la Inteligencia de Cristo.*

Cury también es autor de *Inteligência Multifocal* [Inteligencia Multifocal]; *Doze semanas para mudar uma vida* [Doce semanas para cambiar una vida] y *Superando o cárcere da emoção* [Superando la cárcel de la emoción].

Conferencista en congresos nacionales e internacionales, es también director de la Academia de la Inteligencia, instituto que promueve el entrenamiento de psicólogos, educadores y del público en general.

Para hacer contacto con la Academia de la Inteligencia, acceda al sitio Web www.academiadeinteligencia.com.br.

OTROS TÍTULOS DE LA COLECCIÓN ANÁLISIS DE LA INTELIGENCIA DE CRISTO

El Maestro de las emociones

El segundo volumen de la colección hace un análisis de cómo Cristo navegó las aguas de los sentimientos e investiga por qué, a pesar de haber tenido todos los motivos para padecer de depresión y ansiedad, fue un ser alegre, libre y seguro.

El Maestro de la vida

En el tercer libro de la colección, Augusto Cury nos presenta las bellísimas lecciones de vida que Jesús nos dio en toda su historia, principalmente ante las dramáticas sesiones de tortura y humillación que ocurrieron en su juicio.

El Maestro de maestros

En el primer volumen de la colección, Augusto Cury hace un original abordaje de la vida de ese gran personaje, revelando que su inteligencia era mucho más grandiosa de lo que imaginamos.

El Maestro inolvidable

El último libro de la colección estudia la fantástica transformación de la personalidad de los discípulos durante su peregrinación con Jesucristo y cómo desarrollaron con excelencia las inteligencias espiritual, multifocal, emocional e interpersonal.

9 781602 551343